北大版对外汉语教材·阅读教程系列

中级汉语分类阅读

科技篇

浮根成 主编

张喜荣
田丽娟 编著
赵周宽

II

北京大学出版社
PEKING UNIVERSITY PRESS

图书在版编目(CIP)数据

中级汉语分类阅读·科技篇Ⅱ/浮根成主编.—北京:北京大学出版社,2012.1
(北大版对外汉语教材·阅读教程系列)
ISBN 978-7-301-19578-9

Ⅰ.中… Ⅱ.浮… Ⅲ.汉语—阅读教学—对外汉语教学—水平考试—自学参考资料 Ⅳ.H195.4

中国版本图书馆 CIP 数据核字(2011)第 198433 号

书　　　名:中级汉语分类阅读·科技篇Ⅱ
著作责任者:浮根成　主编
责 任 编 辑:张弘泓
标 准 书 号:ISBN 978-7-301-19578-9/H·2952
出 版 发 行:北京大学出版社
地　　　址:北京市海淀区成府路 205 号　100871
网　　　址:http://www.pup.cn
电 子 信 箱:zpup@pup.pku.edu.cn
电　　　话:邮购部 62752015　发行部 62750672　出版部 62754962
　　　　　　编辑部 62752028
印 刷 者:涿州市星河印刷有限公司
经 销 者:新华书店
　　　　　787 毫米×1092 毫米　16 开本　17 印张　250 千字
　　　　　2012 年 1 月第 1 版　2012 年 1 月第 1 次印刷
定　　　价:48.00 元

未经许可,不得以任何方式复制或抄袭本书之部分或全部内容。
版权所有,侵权必究
举报电话:010-62752024　电子信箱:fd@pup.pku.edu.cn

编写说明

本教材面向海内外汉语作为第二语言学习者，既可作为阅读课专用教材，也可作为一般汉语学习课外辅助读物，还可供准备参加中国新汉语水平考试（HSK）的学习者作为考前复习资料。

一、编写思路

本教材的编写目的是帮助学习者扩大阅读范围和词汇量，提高汉语科技语体的阅读理解综合能力，同时也可使学习者适应各类汉语考试阅读理解类试题的题目类型与答题方式，从而有针对性地扩大学习者的阅读视野，提高阅读理解的技能技巧。

二、语料选择

本教材课文内容以科学知识为主，涉及天文气象、科技信息、医疗保健、地理建筑、环境保护、动植物趣闻等诸多方面语料。这些语料不仅知识丰富，而且与各类汉语考试阅读理解类试题常用的语料范围基本一致。通过本教材，学习者既可获得新的知识，又能逐步提高汉语阅读综合能力，并适应各类汉语考试的要求。

三、教材特色

1. 选文在注重知识性的同时，力求体现一定的趣味性，运用规范、自然、生动的语言，表达现代汉语科学语体的特点。

2. 选文范围、语体风格、难易程度、练习设计、题型特点等方面均与汉语水平考试阅读理解试题保持一致，将阅读课堂教学与备考融为一体。

四、编写原则

1. 循序渐进的原则。本教材课文的长度和难度，由浅入深、由易而难。课文长度，由第一册每篇300字—500字，增加到第三册每篇1000—1500字；难度从HSK的初级水平，逐步提高到中级以上水平。

2. 强化训练的原则。本教材课文之后不列生词表，仅对有关的文化和科学背景知识以及部分超纲词语加以注释。课文中的难点词语和语法现象，主要通过练习题的形式加以考查和解决。课后练习内容丰富，形式多样，以便对学习者进行强化训练，从而提高应试能力。

五、编写体例

1. 课文：本教材共三册。每册15个单元，每单元围绕同一主题，由4篇相关课文组成。课文材料大多来源于报纸、杂志和网络等，由编者根据教学需要适当改写而成。

2. 词汇：第一册课文以《汉语水平词汇与汉字等级大纲》中的甲、乙级词为基础，难度控制在HSK初等水平；第二、三册以大纲中的丙级词为基础，难度控制在HSK中等水平。

3. 练习：每篇课文之后设计若干练习题，分为客观性练习和主观性练习两大类。客观性练习重点考查学生对词语、句子、语段和篇章的理解。主观练习以问答题为主，使学习者在通篇阅读后做到对课文的完全理解。

六、教学建议

使用本教材时，教师可根据学习者的实际水平，适当调整阅读进度和数量。每单元4篇课文，可部分进行课堂阅读，部分作为课后练习；也可以部分精读精讲，部分用于泛读或训练学习者的快速阅读能力。

对练习题的处理，客观性试题可在教师的控制下，先由学生按照考试要求独立完成，以强化学生的应试能力，然后再由教师进行分析和讲解；其他题目，特别是主观性题目，应充分发挥学生的主动性，可进行分组合作学习，组织学生进行讨论，在阅读理解的基础上进一步提高学生的口头表达能力。

在本套教材的编写过程中，我们从近年来国内出版的报纸、杂志以及网络上，参考或选用改写了一些适合汉语学习者阅读的语料，得到了广大原作者的大力支持，谨此致以谢忱。由于种种客观原因，尚有部分作者我们无法一一取得联系，希望看到本教材的原作者尽快与我们联系，我们将按照国家有关规定支付稿酬并表达衷心的谢意。

本套教材在编写过程中得到西安外国语大学汉学院院长孟长勇教授和诸多同仁的关心和支持，北京大学出版社的沈浦娜、宋立文二位老师也提出了不少中肯的意见和建议，在此一并表示诚挚的感谢。

编　者

目 录
Contents

第一单元　动物
　第一课　冻不死的极地冰虫 / 2
　第二课　昆虫的眼睛 / 5
　第三课　动物冬眠之谜 / 8
　第四课　动物的节能术 / 12

第二单元　植物
　第一课　植物为什么会开花 / 16
　第二课　外来生物"利""害"谈 / 20
　第三课　植物的听觉与情感 / 24
　第四课　会睡觉的植物竞争能力强 / 27

第三单元　地理
　第一课　中国的黄土 / 32
　第二课　死海不死 / 36
　第三课　无处不在的风化作用 / 40
　第四课　撩开青藏高原的面纱 / 43

第四单元　气象
　第一课　天气预报的来历 / 48

第二课　　全球变暖：21世纪最危险的挑战 / 52
　　第三课　　如果地球上没有雪 / 56
　　第四课　　气候变化推动社会演变？ / 59

第五单元　生命
　　第一课　　双胞胎到底有没有"心灵感应"？ / 64
　　第二课　　生命从何而来 / 68
　　第三课　　现代人类的起源 / 72
　　第四课　　"外星人"之谜 / 76

第六单元　健康
　　第一课　　笑可治病，哭能排毒 / 82
　　第二课　　肢体比表情更直接反应恐惧感 / 86
　　第三课　　吃快餐，请你悠着点 / 90
　　第四课　　自我催眠：改善自我状态的心理疗法 / 94

第七单元　病毒
　　第一课　　病毒——看不见的敌人 / 100
　　第二课　　百年禽流感回眸 / 104
　　第三课　　计算机病毒 / 108
　　第四课　　手机病毒 / 112

第八单元　认知
　　第一课　　黑猩猩——人类的"兄弟" / 118
　　第二课　　人类的自我认知 / 122
　　第三课　　大脑中的"天才按钮" / 126
　　第四课　　一种新的心理治疗方法——认知疗法 / 130

第九单元　地貌
　　第一课　　冰川的"恶作剧" / 136
　　第二课　　罗布泊"雅丹"奇观 / 140

第三课　美不胜收的地下水世界 / 143
第四课　虚无缥缈的海市蜃楼 / 147

第十单元　地质
第一课　寒武纪寒冷吗？ / 152
第二课　侏罗纪公园 / 156
第三课　白垩纪——恐龙终结者 / 159
第四课　煤炭从哪里来？ / 163

第十一单元　科技
第一课　新能源——"可燃冰" / 168
第二课　情感计算 / 171
第三课　太空烹调术 / 175
第四课　海底核电厂 / 179

第十二单元　环保
第一课　芳香的污染 / 184
第二课　灰霾：日益加剧的城市公害 / 188
第三课　谁来清扫太空垃圾？ / 192
第四课　现代人正进入"第三污染时期" / 196

第十三单元　生活
第一课　人为什么会说口头禅 / 202
第二课　"打哈欠"会传染 / 206
第三课　舞蹈天赋与社交有关 / 210
第四课　人生第一个味道会给你长久的印象 / 214

第十四单元　神秘
第一课　星座与迷信 / 220
第二课　血型的科学与迷信 / 224
第三课　揭开巫术的神秘面纱 / 228

第四课 面相、手相、体相的科学 / 232

第十五单元 感知

第一课 面孔背后的面孔 / 238

第二课 我们能控制梦境吗？/ 242

第三课 灵感源于积累 / 246

第四课 话说"第六感" / 250

附录 练习参考答案 / 255

第一单元
动 物

第一课

冻不死的极地冰虫

极地冰虫生活在终年积雪的冰川地带,是少数活跃在极地低温下的生物之一。它们个头非常小,在雪地里就像一丝细细的小黑线。

它们可能是世界上最不怕冷的动物。在冰川地区刺骨①的低温下,其他动物几乎被冻成了冰棒,然而这种低温对于极地冰虫来说却是最舒适的生活环境。

冰虫不仅抗冻还耐饿。科学家曾把几只冰虫放在冰箱里研究。两年过去了,不吃不喝的冰虫在冷藏室里依然顽强地生存着。

但冰虫也有致命的缺点——怕热。冰虫抵御高温的能力异常脆弱,只要温度高于4℃,冰虫细胞膜就会熔化。

围绕冰虫的众多难解之谜中,最令人匪夷所思②的是:冰虫可以在固体冰块中自由穿行。谁也不知道它们是怎么破冰而出的。

有的科学家说,冰虫可能顺着冰中的缝隙③钻出冰面;还有的人猜测冰虫有破冰术。多名生物学家猜想,冰虫体内可能含有化冰物质,每当它们穿冰而行时,体内细胞释放出能量,把周围的冰块融化,形成一条通道。在众多雪地动物中,冰虫是最神奇的。北极熊厚厚的皮毛使它与外界的低温隔绝,自身又可以储存能量。南极鳕鱼血液内有防冻剂,使它在冰水中照常生活。然而浑身赤裸、微小的冰虫靠什么来保暖呢?

冰虫的生活方式也充满奥秘。它们总是生活在终年积雪的冰川地带,行踪隐秘④。一到夏天大规模的冰虫就破冰而出,出来搜寻食物。

冰虫日落而出,日出而息。夏天太阳升起之前,冰虫纷纷躲回冰层。太阳落山后,冰虫从洞穴中出来,搜寻海藻、花粉和其他可以消化的残渣作食物。

到了冬天,冰虫聚集地大都大雪封山,没有食物,它们就躲在地下。但至今为止,没有人知道冰虫如何在地底过冬。一到冬天冰虫似乎绝迹。科学家怀疑它们躲在雪底冬眠。不过最近研究者发现如果挖的足够深，在冬天也可能看见冰虫。

(选编自《北京科技报》2006-3-1)

注　释

① 刺骨(cìgǔ, piercing to the bones)：形容极冷。
② 匪夷所思(fěi yí suǒ sī, unthinkable)：不是一般人所能想象的。
③ 缝隙(fèngxì, gap)：细小的裂缝。
④ 隐秘(yǐnmì, secret)：秘密。

练　习

一、下面每个句子都有一个画线的词语，A、B、C、D 四个答案是对这一画线的词语的不同解释，请根据课文内容选择最接近该词语的一种解释。

1. 冰虫抵御高温的能力异常脆弱。
　　A. 抵挡　　　B. 防御　　　C. 抵制　　　D. 抵触

2. 最令人匪夷所思的是：冰虫可以在固体冰块中自由穿行。
　　A. 使　　　　B. 为　　　　C. 被　　　　D. 把

3. 然而浑身赤裸、微小的冰虫靠什么来保暖呢？
　　A. 上身　　　B. 全身　　　C. 整身　　　D. 遍身

4. 夏天太阳升起之前，冰虫纷纷躲回冰层。
　　A. 统统　　　B. 一个接一个　C. 呼呼　　　D. 悄悄

5. 到了冬天，冰虫聚集地大都大雪封山，没有食物，它们就躲在地下。
　　A. 躺　　　　B. 睡　　　　C. 藏　　　　D. 埋

6. 一到冬天冰虫似乎绝迹。
   A. 灭绝   B. 消失   C. 断绝   D. 死亡

二、下面每个问题都有 A、B、C、D 四个答案，请根据课文内容选择唯一恰当的答案。

1. 关于冰虫，不正确的说法是（　　）。
   A. 冰虫抗冻能力很强   B. 冰虫怕热
   C. 冬天很难见到冰虫   D. 冰虫不喜欢在晚上活动

2. 关于冰虫，人们不知道的是（　　）。
   A. 它们生活的地方   B. 它们的个头
   C. 它们靠什么保暖   D. 它们的食物

3. 冰虫不怕冷的原因是（　　）。
   A. 它们有厚厚的皮毛   B. 它们体内有防冻剂
   C. 它们个子很小   D. 至今无法说清楚

4. 这篇课文主要说明的是（　　）。
   A. 冰虫的个子   B. 冰虫的缺点
   C. 冰虫的防冻方式   D. 冰虫的特点

三、根据课文内容，判别正误。

1. 冰虫抗冻但不耐饿。（　　）
2. 冬天看不到冰虫。（　　）
3. 人们知道冰虫为什么可以在固体冰块中自由穿行。（　　）
4. 人们不知道冰虫如何在地底过冬。（　　）

四、根据课文内容，回答问题。

1. 冰虫生活在什么地方？
2. 举例说明冰虫可能是世界上最不怕冷的动物。
3. 针对冰虫可以在固体冰块中自由穿行有哪几种解释？
4. 冰虫在夏天与冬天有什么不同的生活方式？

第二课

昆虫的眼睛

昆虫的眼睛与人类相同吗？它们能分辨不同的颜色吗？

首先我们肯定地说，昆虫的眼睛与人类的不同。昆虫的眼睛包括单眼和复眼，单眼又有背单眼与侧单眼之分。除了寄生①性昆虫因为长期过着寄生生活，眼睛已经退化，或虽有眼睛但已不起视觉作用外，一般昆虫的成虫和不完全变态类的幼虫都有一对复眼，头顶上还有1—3个背单眼。完全变态类的幼虫则在头部的两侧具有1—7个侧单眼。昆虫通过单眼与复眼对外界光的变化作出反应，进行觅食、求偶②、定向、休眠等活动。

复眼是昆虫的主要视觉器官，通常在昆虫的头部占有突出的位置。多数昆虫的复眼呈圆形。有些昆虫的复眼在每侧又分为上、下两个，成为"四眼"昆虫，例如四眼缘翅天牛和浮游生物的一些种类。

复眼是由许多六角形的小眼组成的，每个小眼与单眼的基本构造相同。小眼的数目变化很大，蝴蝶有1.2万—1.7万个小眼，蜻蜓则有2万—2.8万个小眼，家蝇有4千个小眼。一般来说，复眼越多，视力就越好。

如果把昆虫的一只复眼纵向剖开，在放大镜或显微镜下观察，多棱的小眼聚集在一起，很像一只奇妙的万花筒③。

昆虫的复眼虽然由许多小眼组成，但它们的视力远不如人类的好，蜻蜓可以看到1米—2米，苍蝇只能看到40毫米—70毫米。可是，昆虫对于移动物体的反应却十分敏感，当一个物体突然出现时，蜜蜂只要0.01秒就能做出反应。

昆虫与人类一样，可以分辨不同的颜色，但与人类感受的波长不同。蜜蜂不能区分橙红色与绿色，荨麻蛱蝶看不见绿色和黄绿色，一般昆虫不能感受红色。

(选编自中国科普博览网站，原题:察颜观色的复眼与单眼)

注 释

① 寄生 (jìshēng, to be a parasite)：一些生物生活在其他生物的体内或体表,并从中取得养分以维持生命。
② 求偶(qiú'ǒu, courtship)：追求异性,寻求配偶。
③ 万花筒(wànhuātǒng, kaleidoscope)：圆筒形玩具。两端是玻璃,内壁装有镜子,一端放各种颜色、形状的碎玻璃,利用镜子的反射原理,从另一端可以看到各种图案。

练 习

一、下面每个句子都有一个画线的词语,A、B、C、D 四个答案是对这一画线的词语的不同解释,请根据课文内容选择最接近该词语的一种解释。

1. 首先我们肯定地说,昆虫的眼睛与人类的不同。
   A. 一定　　　B. 必定　　　C. 确定　　　D. 认定

2. 昆虫通过单眼与复眼对外界光的变化作出反应,进行觅食、求偶、定向、休眠等活动。
   A. 吃　　　　B. 尝　　　　C. 找　　　　D. 取

3. 复眼是昆虫的主要视觉器官,通常在昆虫的头部占有突出的位置。
   A. 明显　　　B. 冲出　　　C. 杰出　　　D. 显出

4. 多棱的小眼聚集在一起,很像一只奇妙的万花筒。
   A. 聚会　　　B. 集合　　　C. 团聚　　　D. 集成

5. 昆虫与人类一样,可以分辨不同的颜色,但与人类感受的波长不同。
   A. 分开　　　B. 辨别　　　C. 辩论　　　D. 分析

6. 蜜蜂不能<u>区分</u>橙红色和绿色。
   A. 差别　　　　B. 分离　　　　C. 区别　　　　D. 离别

二、下面每个问题都有 A、B、C、D 四个答案，请根据课文内容选择唯一恰当的答案。

1. 昆虫的眼睛与人类相比，最大的不同是（　　）。
   A. 它们不能分辨颜色　　　　B. 它们的眼睛小
   C. 它们的视力不好　　　　　D. 它们有单眼和复眼

2. 虽有眼睛但已不起视觉作用的昆虫是（　　）。
   A. 一般昆虫的成虫　　　　B. 不全变态类的幼虫
   C. 寄生性昆虫　　　　　　D. 完全变态类的幼虫

3. 下面几种昆虫中，视力最好的是（　　）。
   A. 家蝇　　　　B. 蝴蝶　　　　C. 蜻蜓　　　　D. 蚂蚁

4. 蜜蜂不能区分橙红色与绿色，原因是（　　）。
   A. 蜜蜂对移动物体反应太快
   B. 蜜蜂复眼的体积不大
   C. 蜜蜂小眼的数量很少
   D. 蜜蜂感受不到橙红色与绿色的波长

三、根据课文内容，判别正误。

1. 所有昆虫都有一对复眼。　　　　　　　　　　　　　　　　（　　）
2. 昆虫的复眼由许多小眼组成，所以它们的视力比人类的好。（　　）
3. 昆虫的视力不好，但是对移动物体的反应却很快。　　　　（　　）
4. 一般昆虫不能感受红色。　　　　　　　　　　　　　　　（　　）

四、根据课文内容，回答问题。

1. 昆虫的眼睛与人类的眼睛有什么不同？
2. 复眼与小眼的关系怎样？
3. 昆虫的眼睛能分辨不同的颜色吗？

第三课

动物冬眠之谜

动物的冬眠是一种奇妙的现象。人们观察了若干种动物冬眠,发现了许多意想不到的现象。

熊在冬眠时呼吸正常,有时还到外面溜达几天再回来。母熊在冬眠时,让雪覆盖着身体。一旦醒来,它身旁就会躺着一两只天真活泼的小熊,显然是冬眠时产的仔。

动物冬眠的时间长短不一。西伯利亚的旱獭,一次冬眠能睡上200多天,而俄罗斯的黑貂每年却只有20天的冬眠。

动物的冬眠,完全是一项对付不利环境的保护性行动,主要因素是环境温度的降低和食物的缺乏。科学家通过实验证明,冬眠后的动物抗菌抗病能力反而比平时有所增强,显然冬眠对它们是有益的,使它们到第二年春天苏醒以后动作更加灵敏,食欲更加旺盛,身体内的器官还会出现返老还童①的现象。今天医学界所创造的低温麻醉、催眠疗法,便是由此得到的启发。

和我们人类一样,动物中的鸟兽都是温血动物,那么冷血动物昆虫又是怎样熬过漫长的冬季呢?冬眠的昆虫会不会被冻结呢?

绝大多数的昆虫,在冬季到来时不是"成虫"或"幼虫",而是以"蛹"②或"卵"的形式进行冬眠。在冬天,昆虫要保持活动,不被冻僵是至关重要的。活的组织一旦被冻结,膨胀的冰晶体势必使细胞膜受到破坏,造成致命的创伤。当细胞里液体不足,不能保持维护生命所必需的酶③活性时,即使没有完全被冻结,也会造成死亡。那么,昆虫是怎样解决这一难题的呢?它们主要是靠降低体内液体的冰点,从而提高抗寒能力,办法就是产生大量的"防冻液"。在实验室中,科学家把青蛙冷冻5—7天再慢慢解冻,它们依然活着,体液中含有防冻剂中常用的丙三醇。但在温暖的季节里,它们体内却找不到这一物质。

昆虫是怎样制造防冻液的呢?天暖之后又怎样将防冻液除掉呢?为什么要除掉防冻液?这些问题直到现在仍找不到答案。

至今，人们尚未能完全揭开动物冬眠的奥秘。但是科学家们通过不断探索已经认识到，研究动物的冬眠不仅妙趣横生④，而且颇有价值。

(选编自无忧生活网)

注 释

① 返老还童(fǎn lǎo huán tóng, rejuvenation)：由衰老变回到青春。
② 蛹(yǒng, pupa)：某些昆虫由幼虫变为成虫的过渡形态。
③ 酶(méi, enzyme)：一种有机化合物，可加速有机体的化学变化。
④ 妙趣横生(miào qù héng shēng, full of humour and wit)：美妙的意趣层出不穷。

练 习

一、下面每个句子都有一个画线的词语，A、B、C、D四个答案是对这一画线的词语的不同解释，请根据课文内容选择最接近该词语的一种解释。

1. 动物冬眠的时间<u>长短不一</u>。
   A. 不定　　　B. 不同　　　C. 不准　　　D. 不详

2. 动物的冬眠，完全是一项<u>对付</u>不利环境的保护性行动。
   A. 对待　　　B. 支付　　　C. 针对　　　D. 付出

3. 冬眠后的动物抗菌抗病能力<u>反而</u>比平时有所增强。
   A. 因此　　　B. 反倒　　　C. 然而　　　D. 却

4. 冬眠后的动物抗菌抗病能力反而比平时有所增强，显然冬眠对它们是<u>有益的</u>。
   A. 有用　　　B. 有效　　　C. 有利　　　D. 有限

5. 在冬天,昆虫要保持活动,不被冻僵是<u>至关</u>重要的。
   A. 关键　　　B. 最为　　　C. 首先　　　D. 显著

6. 膨胀的冰晶体<u>势必</u>使细胞膜受到破坏,造成致命的创伤。
   A. 未必　　　B. 必然　　　C. 不必　　　D. 必须

二、下面每个问题都有 A、B、C、D 四个答案,请根据课文内容选择唯一恰当的答案。

1. 关于动物的冬眠,不正确的说法是(　　)。
   A. 动物冬眠可以加强抗菌抗病能力
   B. 动物冬眠的时间长短不一样
   C. 动物经过冬眠食欲更加旺盛
   D. 昆虫都是以"蛹"或"卵"的形式进行冬眠的

2. 医学界所创造的低温麻醉、催眠疗法,受到了(　　)的启发。
   A. 环境温度的降低　　　　B. 食物的缺乏
   C. 动物的冬眠　　　　　　D. 降低体内液体的冰点

3. 关于昆虫冬眠,人们不知道的是(　　)。
   A. 它们怎样制造防冻液
   B. 它们以"蛹"或"卵"的形式冬眠
   C. 青蛙的体液中含有防冻物质
   D. 它们为什么不会冻僵

4. 本文主要说明(　　)。
   A. 研究动物冬眠很有意思
   B. 人们还不知道动物冬眠的奥秘
   C. 温血动物与冷血动物的冬眠形式不一样
   D. 动物冬眠的原因及其不同形式

三、根据课文内容,判别正误。

  1. 动物冬眠有利于增强它们的抗菌抗病能力。 ( )

  2. 经过冬眠,动物就会返老还童。 ( )

  3. 昆虫不会被冻僵,因为它们体内温度很低。 ( )

  4. 人们已经完全揭开了动物冬眠的奥秘。 ( )

四、根据课文内容,回答问题。

  1. 动物冬眠的方式一样吗?请举例说明。

  2. 动物冬眠的主要原因是什么?

  3. 冬眠对动物有什么好处?

  4. 昆虫是怎样熬过漫长的冬季的?

第四课

动物的节能术

蛇的耐饿本领可真惊人。据说,有一条蛇饿了两年九个月才死去。蛇为什么有这种耐饿的本领呢?因为它们有一套节约能量的技术。人们都知道,一摸到猫、狗和鸡身上,总是感到热乎乎的,可是一摸到蛇的身上,却是冷冰冰的。这是因为前者是恒温动物,后者是变温动物。恒温动物的身体,好像是一只具有恒定温度的炉子。为了保持恒定的体温,就要消耗体内的能源物质。可是,作为变温动物的蛇就省去了这笔能量开支。它们不仅一年四季的体温不同,就是同一天中的体温也随外界温度变化而有较大的变动。所以,它们体内动用的能源物质,远比恒温动物为少。

骆驼是一种能长时间忍耐干渴的动物,人们把它叫做"沙漠之舟"。有些人认为,骆驼之所以能耐干渴,是因为它的驼峰里装满了水。其实,驼峰里装的并不是水,而是脂肪。脂肪在氧化产生热量的同时,也产生了水分。

近年来,科学家已经发现,骆驼耐渴的奥秘就在血浆中。骆驼的血浆中有一种特殊的蛋白质,当体内的水分明显损耗时,这种蛋白质仍能维持血液中的水分,保证血液循环的正常进行。

动物是很注意节约能量的。大雁南飞的时候,常常排成"人"字或"一"字队形,因为这样比较省力。飞行在前面的大雁拍打几下翅膀,气流就上升了,后面的小雁便可以乘着这股气流滑翔[①],飞得更轻松更省劲。

动物的能量利用率也是很高的,在这方面鸟类可算是佼佼[②]者了。哺乳动物每奔跑1千米,100克体重大约消耗2400焦耳的能量;鸟类每飞行1千米,100克体重只消耗680焦耳的能量。

动物的节能术奥妙无穷,一旦这种奥妙被揭开,肯定会在医学和畜牧业上得到广泛的应用。

(选编自中国公众科技网,作者:王义炯)

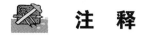

注 释

① 滑翔（huáxiáng, glide）：不依靠动力，利用空气的浮力和本身重力的相互作用在空中飘行。
② 佼佼（jiǎojiǎo, outstanding）：超出一般水平。

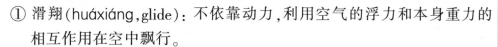

一、下面每个句子都有一个画线的词语，A、B、C、D 四个答案是对这一画线的词语的不同解释，请根据课文内容选择最接近该词语的一种解释。

1. 蛇的耐饿本领可真惊人。
   A. 本能　　　B. 本事　　　C. 要领　　　D. 本钱

2. 作为变温动物的蛇就省去了这笔能量开支。
   A. 开销　　　B. 开发　　　C. 支付　　　D. 消耗

3. 近年来，科学家已经发现，骆驼耐渴的奥秘就在血浆中。
   A. 秘密　　　B. 奥妙　　　C. 深奥　　　D. 神秘

4. 大雁南飞的时候，常常排成"人"字或"一"字队形，因为这样比较省力。
   A. 俭省　　　B. 节省　　　C. 省略　　　D. 省却

5. 后面的小雁便可以乘着这股气流滑翔。
   A. 趁　　　　B. 骑　　　　C. 剩　　　　D. 顺

6. 一旦这种奥妙被揭开，肯定会在医学和畜牧业上得到广泛的应用。
   A. 一天　　　B. 如果有一天　　　C. 即使　　　D. 一时

二、下面每个问题都有A、B、C、D四个答案，请根据课文内容选择唯一恰当的答案。

1. 在节约能量方面，恒温动物与变温动物相比（　　）。
   A. 同一天中的体温变化不大　　B. 消耗体内的能源物质多
   C. 一年四季体温不同　　　　　D. 消耗体内的能源物质少

2. 骆驼耐渴的奥秘是（　　）。
   A. 驼峰里装满了水
   B. 驼峰里装满了血浆
   C. 驼峰里装满了蛋白质
   D. 骆驼血浆中蛋白质可以保持血液中的水分

3. 关于动物节能，不正确的说法是（　　）。
   A. 注意节约能量　　　　　　　B. 能量利用率高
   C. 具有节约能量的技术　　　　D. 不消耗体内的能源物质

4. 本文主要说明的是（　　）。
   A. 动物具有节约能量的技术　　B. 动物的能量利用率很高
   C. 动物的节能术有很多奥妙　　D. 动物很注意节约能量

三、根据课文内容，判别正误。

1. 恒温动物为了保持恒定的体温，就不能消耗体内的能源物质。（　　）
2. 变温动物一年四季的体温不同，但是同一天中的体温变化不大。
   　　　　　　　　　　　　　　　　　　　　　　　　　　　（　　）
3. 大雁飞行时排成"人"字队形是为了省力。　　　　　　　　（　　）
4. 与哺乳动物相比，鸟类的能量利用率更高。　　　　　　　（　　）

四、根据课文内容，回答问题。

1. 恒温动物与变温动物在消耗体内能源物质方面有什么不同？
2. 骆驼为什么能耐干渴？
3. 大雁南飞时，为什么要排成"人"字或"一"字队形？
4. 想一想动物的节能术对我们人类有什么启发？

第二单元
植 物

第一课

植物为什么会开花

花开花落,从地球出现植物起,这个亘古①不变的规律就一日日地主宰着植物界。或许对于普通百姓来说,看惯了植物的开花已感到它再平常不过,但对于科学家来说,为探究花儿为什么到一定时间要开,它的机理②是什么,是什么关键物质在悄悄地起着作用,他们已经苦苦探索了上百年。

日前,植物学家找到了启动植物季节性发育的信号,一项研究发现了刺激③开花的基因,还有一项研究则发现了令人惊异的隐藏的RNA。而这种RNA可能就是科学家几十年来苦苦寻觅的被称为"开花素"的神秘物质。

大多数植物每年都在特定的时间开花。很多植物利用周围环境的刺激来控制花期。日照时间的长短对于许多农作物开花时间发生作用,并以此影响作物产量。春季日照时间较长时,一些反应迅速的大麦品种在初夏就能开花,而反应较慢的品种则开花较迟。在夏季干热的地方,早开花比较有利,因为在酷暑来临之前,植物就能够完成它们的生命周期;而在夏季凉爽而又潮湿的地区,农作物的生长周期较长且开花较晚,更有利于提高农作物产量。一般夏天光照时间长,冬天光照时间短,而植物本身能够测出这种光照的变化。

一系列实验证明,植物感光的部分是叶子,而形成花器官的部位在顶端。这就出现了一个问题,感光的部位和产生花器官的部位,两者之间如何实现信号传递?

难道有一种人类还无法认知的物质在悄悄地行使这一传递功能?

原来,植物中有一种叫"FT"的基因。这种"FT"基因活跃在叶子中,它能够制造出一种在叶子和根尖之间传递信息的"信使分子",然后"信使分子"刺激植物的基因程序,产生花蕾,从而促使花的"诞生"。

至于植物怎么知道自己该何时开花了?科学家认为,温度和土壤等外界条件是植物适时开花的重要原因,具体还需要深入研究。

那么,知道了开花机理对我们人类生活有什么帮助呢?到了春天,白天变长,水仙花在这个季节开放了,玫瑰则要等到夏季才肯一展芳颜;另一方面,稻子的花要等到白昼变短的秋天开放。自然界按着自己的规律井井有条地发展着。从应用的角度看,人们还是希望能够比较自如地控制开花时间。如果我们想在春节时间看到牡丹,那么就可以通过人为的调控去改变牡丹开花时间。还有一些果树,长到一定的阶段才能开花,如果我们知道开花机理,也可以控制它。

至于在提高粮食产量方面,揭示开花机理就等于掌握了作物生产的一个很重要的"开关",对粮食增产会有帮助。

(选编自中国农业网)

注 释

① 亘古(gèngǔ,ancientry):整个古代。
② 机理(jīlǐ,mechanism):泛指某些自然现象的物理、化学规律。
③ 刺激(cìjī,stimulate):声、光、热等引起生物体活动或变化。

练 习

一、下面每个句子都有一个画线的词语,A、B、C、D 四个答案是对这一画线的词语的不同解释,请根据课文内容选择最接近该词语的一种解释。

1. <u>或许</u>对于普通百姓来说,看惯了植物的开花已感到它再平常不过。
   A. 或者　　　B. 或是　　　C. 也许　　　D. 或则

2. 为<u>探究</u>花儿为什么到一定时间要开。
   A. 探察　　　B. 探讨　　　C. 探索　　　D. 探询

3. 他们已经<u>苦苦</u>探索了上百年。
   A. 痛苦　　　B. 辛苦　　　C. 劳苦　　　D. 清苦

4. 大多数植物每年都在<u>特定</u>的时间开花。
   A. 肯定　　　　B. 限定　　　　C. 确定　　　　D. 规定

5. 难道有一种人类还无法认知的物质在<u>悄悄</u>地行使这一传递功能？
   A. 稍稍　　　　B. 静静　　　　C. 偷偷　　　　D. 轻轻

6. 温度和土壤等外界条件是植物<u>适时</u>开花的重要原因。
   A. 当时　　　　B. 定时　　　　C. 准时　　　　D. 适合的时候

二、下面每个问题都有 A、B、C、D 四个答案，请根据课文内容选择唯一恰当的答案。

1. "对于普通百姓来说，看惯了植物的开花已感到它再平常不过"，这句话的意思是（　　）。
   A. 普通百姓不关心植物为什么会开花
   B. 普通百姓不知道植物为什么会开花
   C. 普通百姓认为植物开花很不平常
   D. 普通百姓认为植物开花是非常平常的事情

2. 对农作物开花时间发生作用的是（　　）。
   A. 温度　　　　　　　　　B. 土壤
   C. 光照时间　　　　　　　D. 湿度

3. 实现植物感光部位和产生花器官部位之间信号传递的是（　　）。
   A. RNA 基因　　　　　　　B. FT 基因
   C. "开花素"　　　　　　　D. "信使分子"

4. 这篇课文主要说明（　　）。
   A. 植物开花是一件很平常的事
   B. 植物开花的机理
   C. 植物什么时候开花
   D. 自然界发展的规律

三、根据课文内容,判别正误。

  1. 植物本身可以测出光照的变化。   （　）

  2. 温度和土壤等外界条件是植物适时开花的唯一原因。 （　）

  3. 农作物的生长周期与季节有关。   （　）

  4. 自然界有自己的发展规律。   （　）

四、根据课文内容,回答问题。

  1. 日照时间与农作物开花时间有什么关系？

  2. 花是怎样"诞生"的？

  3. 植物开花的重要因素是什么？

  4. 研究植物开花有什么重要性？

第二课

外来生物"利""害"谈

近几年来,"外来生物"成了频频见诸媒体①的"热词",而且往往与"入侵"联系在一起,成了人们眼中的"洪水猛兽"②。

外来生物物种入侵是指植物、动物和微生物从其原生地,经自然或人为的途径,传播到另一个环境定居、繁殖和扩散,最终明显影响改变迁居地的生态环境。目前,由于国际间的经贸交流和人员往来日益频繁,外来物种扩散的规模和速度超过以往,生物入侵给人类造成的危害日益加剧。生物物种入侵的危害主要表现在三个方面:破坏生态环境、威胁人类健康、危害经济发展。

但是,人们在面临外来生物入侵威胁的同时,也与大量的外来生物长期和睦共处:小麦来自中亚和近东,芝麻来自印度和非洲,玉米来自墨西哥,烟草来自巴西,橡胶来自东南亚,油菜来自地中海,向日葵来自美洲,多数蔬菜水果的原产地也不在中国。

其实外来生物中真正能够形成入侵态势的只占很少一部分,就是说所有被引入的外来物种中,大约有10%在新的生态系统中可以自行繁殖,在可以自行繁殖的外来物种中又有大约10%能够造成生物灾害成为有害物种,这些外来入侵物种虽然相对种类较少,但给迁居地带来的经济损失却是不可忽视的。及早发现这1%有入侵趋势的物种,防患于未然是控制外来物种入侵最经济的途径。应对生物入侵首先要做好外来引种的把关。

实际上大多数外来物种对当地经济社会发展有利,世界各地享受的植物资源中有50%—80%都是利用外来物种创造的。

正因为外来生物可能带来的种种好处,导致人们对待外来生物的短视行为和功利主义。外来生物入侵的根本原因是人类活动把这些物种带到了它们不应该出现的地方。物种本身无所谓"有害的"还是"无害的",入侵物种也只不过是呆错了地方,而造成这种错误的原因常常是人类对生态环境安全不负责任的行为。

目前,人类有所了解的物种仅占全部物种的20%,还有丰富的生物资源等待人们发现、开发。因此,趋利避害、科学合理利用外来生物资源,蕴藏着巨大的商机③。

(选编自《浙江日报》,作者:沈宇翔)

注 释

① 媒体(méitǐ,media):交流、传播信息的工具。如报刊、广播、电视等。
② 洪水猛兽(hóngshuǐ měngshòu,great scourges):比喻危害极大的灾祸。
③ 商机(shāngjī,opportunity of business):商业性竞争中的机遇。

练 习

一、下面每个句子都有一个画线的词语,A、B、C、D 四个答案是对这一画线的词语的不同解释,请根据课文内容选择最接近该词语的一种解释。

1. 近几年来,"外来生物"成了<u>频频</u>见诸媒体的"热词"。
   A. 刚刚   B. 常常   C. 纷纷   D. 时时

2. 但是,人们在面临外来生物入侵威胁的同时,也与大量的外来生物长期和睦<u>共处</u>。
   A. 共生   B. 共在   C. 共存   D. 共居

3. 其实外来生物中真正能够形成入侵<u>态势</u>的只占很少一部分。
   A. 形态   B. 形势   C. 形式   D. 生态

4. 及早发现这 1% 有入侵趋势的物种,防患于未然是控制外来物种入侵<u>最经济</u>的途径。
   A. 便宜   B. 便利   C. 简便   D. 轻便

5. 正因为外来生物可能带来的种种好处,导致人们对待外来生物的<u>短视</u>行为和功利主义。
   A. 近视　　　B. 忽视　　　C. 轻视　　　D. 目光短浅

6. 因此,<u>趋利</u>避害、科学合理利用外来生物资源,蕴藏着巨大的商机。
   A. 趋势　　　B. 趋向　　　C. 追求　　　D. 趋进

二、下面每个问题都有A、B、C、D四个答案,请根据课文内容选择唯一恰当的答案。

1. "及早发现这10%有入侵趋势的物种,防患于未然是控制外来物种入侵最经济的途径",这句话的意思是(　　)。
   A. 及早发现有入侵趋势的物种,能给人们带来经济效益
   B. 及早发现有入侵趋势的物种,可以防止外来物种入侵
   C. 及早发现有入侵趋势的物种是控制外来物种入侵的最便宜的办法
   D. 及早发现并提前防治有入侵趋势的物种,是控制外来物种入侵的最简单的办法

2. 文章举例有许多蔬菜水果原产地并不在中国是为了说明(　　)。
   A. 上述外来生物的来源
   B. 中国原来没有这些物种
   C. 并不是所有的外来生物都有害
   D. 中国不能没有这些外来生物

3. 这篇文章没有提到(　　)。
   A. 外来物种的好处　　　　B. 怎样利用外来物种
   C. 外来物种扩散的规模　　D. 外来物种扩散的速度

4. "物种本身无所谓'有害的'还是'无害的',入侵物种也只不过是呆错了地方,而造成这种错误的原因常常是人类对生态环境安全不负责任的行为",这句话的意思是(　　)。
   A. 物种本身没有"有害"与"无害"的区分
   B. "无害"的物种待错地方就变成"有害"的了

C. 人类对生态环境安全不负责任
D. 人类对生态环境安全不负责任的行为是造成入侵物种"有害"的原因

三、根据课文内容,判别正误。

1. 外来物种非常可怕。　　　　　　　　　　　　　（　）
2. 生物入侵给人类造成的危害越来越大。　　　　　（　）
3. 对当地经济社会发展来说,大多数外来物种都是有害的。（　）
4. 人们应该科学合理利用外来生物资源。　　　　　（　）

四、根据课文内容,回答问题。

1. 什么是外来生物物种入侵?
2. 生物物种入侵的危害主要表现哪些方面?
3. 外来生物入侵的根本原因是什么?
4. 为什么说"物种本身无所谓'有害的'还是'无害的',入侵物种也只不过是待错了地方,而造成这种错误的原因常常是人类对生态环境安全不负责任的行为"?

第三课

植物的听觉与情感

　　动物有听觉,动物也有情感,这想必大家都知道。但是植物有听觉吗?植物有情感吗?研究表明,植物是有听觉的,也是有情感的。

　　令人惊奇的是,植物也和人一样,喜欢听恭维话。在德国,某个公司的科学家曾经做过有趣的试验。他把番茄分成两组种植,这两组番茄所用的土壤、水分、肥料等条件完全相同,唯一的区别是甲组番茄每天受到"您好!""祝您长得壮实美好!"等热情问候,而乙组番茄却没有。结果甲组番茄长得非常茂盛,产量比乙组番茄高了百分之二十二。可见两组的区别有多大。所以听恭维话对植物,特别是农作物的帮助是很大的。而且植物能听到恭维话,这说明它是有听觉的。

　　人有喜怒哀乐的情感表现,可是你能想象植物也有感情吗?然而科学家们也已经证实植物也有情感,所以它和人们一样,也会痛苦。这是英国的一位植物学家得出的结论。他设计并且制造了一种专门研究植物情感的仪器。这种仪器能将植物的"心理活动"测试出来,当植物受到风雨等自然的袭击时,它就发出低沉而混乱的声音,类似人在痛苦时发出的呻吟①。这就是植物的痛苦。

　　也许会不相信,植物还会激动呢。前苏联的普斯金博士曾经做过一个实验。他请来了一位催眠②师,并叫这位催眠师对一名妇女施行催眠术,在催眠师和妇女之间放上一盆百合花。普斯金博士在百合花的小茎上固定着一个装有脑摄像仪的传感器。由于催眠的作用,这位妇女一会儿欢笑,一会儿忧郁,与此同时百合花也相应表现得十分"激动",因为它在荧光屏上所显示的线条就像九级风浪一样,正在"奔腾咆哮③"。这说明了植物会激动。

(选编自百度网)

注　释

① 呻吟（shēnyín, groan）：痛苦时发出的声音。
② 催眠（cuīmián, hypnosis）：加快引起睡眠。
③ 咆哮（páoxiào, bluster）：大声喊叫；也形容水发出的巨大声响。

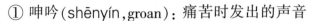

练　习

一、下面每个句子都有一个画线的词语，A、B、C、D 四个答案是对这一画线的词语的不同解释，请根据课文内容选择最接近该词语的一种解释。

1. 动物有听觉，动物也有情感，这<u>想必</u>大家都知道。
　　A. 想见　　　B. 想象　　　C. 料想　　　D. 构想

2. 令人惊奇的是，植物也和人一样，喜欢听<u>恭维</u>话。
　　A. 恭贺　　　B. 恭敬　　　C. 赞扬　　　D. 奉承

3. 甲组番茄每天受到"祝您长得<u>壮实</u>美好！"等热情问候。
　　A. 结实　　　B. 老实　　　C. 充实　　　D. 朴实

4. <u>可见</u>两组的区别有多大。
　　A. 可知　　　B. 想见　　　C. 看见　　　D. 可以看出

5. 他请来了一位催眠师，并叫这位催眠师对一名妇女<u>施行</u>催眠术。
　　A. 实施　　　B. 措施　　　C. 举行　　　D. 执行

6. 与此同时百合花也<u>相应</u>表现得十分"激动"。
　　A. 相同　　　B. 相伴　　　C. 相随　　　D. 相对应

二、下面每个问题都有 A、B、C、D 四个答案，请根据课文内容选择唯一恰当的答案。

1. 德国科学家做的试验是为了说明（　　）。
   A. 植物和人一样喜欢听恭维话
   B. 植物能听懂人们说的好话
   C. 植物是有听觉的
   D. 植物听恭维话可以提高产量

2. 这篇文章没有谈到（　　）。
   A. 植物有听觉　　　　　B. 植物情感的作用
   C. 植物能够感受到痛苦　D. 植物也会激动

3. 这篇文章可能选自（　　）。
   A.《环保周刊》　　　　B.《科技未来》
   C.《地理知识》　　　　D.《生物奥秘》

4. 研究植物听觉和情感，有利于（　　）。
   A. 减轻植物痛苦　　　　B. 提高农作物产量
   C. 控制植物活动　　　　D. 了解植物的心理活动

三、根据课文内容，判别正误。

1. 给农作物说恭维话可以提高农作物的产量。（　　）
2. 实验表明，植物痛苦时就会发出呻吟。（　　）
3. 植物激动时就会奔腾咆哮。（　　）
4. 植物有听觉也有情感，因此他们与人类完全一样。（　　）

四、根据课文内容，回答问题。

1. 人们是怎样知道植物是有听觉的？
2. 听恭维话对农作物有什么帮助？
3. 人们是怎么判断植物有痛苦的？
4. 植物激动时有何表现？

第四课

会睡觉的植物竞争能力强

植物"犯困",在植物生理学中被称为睡眠运动。它既是一种有趣的自然现象,也是一个科学家数十年来积极探索仍未解开的科学之谜。

花生就是一种爱"犯困"的植物,它的叶子从傍晚开始,便慢慢地向上关闭,表示要睡觉了。常见的合欢树,它的叶子在白天舒展又平坦,夜幕降临时,就成双成对地折合关闭,好像被手碰过的含羞草。

不仅植物的叶子有睡眠要求,艳丽的花朵似乎更需要睡眠。比如生长在水面的睡莲花,每当旭日①东升,那美丽的花瓣就会慢慢舒展开来,似乎正从甜蜜的睡梦中苏醒②过来,而当夕阳西下时,它便闭拢花瓣重新进入睡眠状态。由于它这种"昼醒晚睡"的规律特别明显,故而获得了"睡莲"的芳名③。

植物为什么会睡眠?为了揭开这个谜底,科学家们进行了难以计数的研究与实验。

最初,人们常用"月光理论"来解释植物的睡眠运动。科学家认为,叶子的睡眠运动能使植物尽可能避免遭受月光的侵害。因为过多的月光照射,可能干扰植物正常的光周期感官机制,损害植物对昼夜变化的适应。然而,使人们迷惑不解的是,为什么许多没有光周期现象的热带植物同样也会"犯困"?这一点用"月光理论"是无法解释清楚的。

后来,科学家又发现,有些植物的睡眠运动并不受温度和光强度的控制,而是由于叶柄基部中一些细胞的变化引起的。如合欢树、红三叶草等,通过叶子在夜间的闭合,以减少热量的散失和水分的蒸发。尤其是合欢树,叶子不仅仅在夜间关闭、睡眠,当遭遇大风大雨时也会逐渐合拢,以防柔嫩的叶片受到摧残。这种保护性的反应是对环境的一种适应。

美国科学家恩瑞特在进行了一系列有趣的实验后提出了一个新的解释。他用一根灵敏的温度计在夜间测量多种植物叶片的温度,结果发现,不进行睡眠运动的叶子的温度,总比进行睡眠运动的叶子的温度要低1℃左右。恩瑞特认为,正是这仅仅1℃的微小差异,成为阻止或减缓叶子生长的重要因素。

因此,在相同的环境中,能进行睡眠运动的植物生长速度较快,与不能进行睡眠运动的植物相比具有更强的生存竞争能力。

随着研究的深入,科学家还发现了一个有关植物睡眠的有意思的现象:植物竟然像人一样也有午睡的习惯。植物午睡的时间,大约在中午11时至下午2时。

为什么会出现这种现象?科学家认为,植物午睡主要是由于大气环境的干燥、炎热引起的。午睡是植物在长期进化过程中形成的一种抗衡干旱的本能,为的是减少水分散失,以便在不良环境中生存下来。

(选编自《成都日报》2010-5-9,作者:刘小兰)

注 释

① 旭日(xùrì, the rising sun):初升的太阳。
② 苏醒(sūxǐng, wake up):从沉睡中醒过来。
③ 芳名(fāngmíng, fair name):美好的名声。

练 习

一、下面每个句子都有一个画线的词语,A、B、C、D四个答案是对这一画线的词语的不同解释,请根据课文内容选择最接近该词语的一种解释。

1. 植物"犯困",在植物生理学中被称为睡眠运动。
　　A. 犯难　　　　B. 犯愁　　　　C. 发困　　　　D. 发愁

2. 夜幕降临时,就成双成对地折合关闭,好像被手碰过的含羞草。
　　A. 来临　　　　B. 下降　　　　C. 光临　　　　D. 降落

3. 由于它这种"昼醒晚睡"的规律特别明显,故而获得了"睡莲"的芳名。
　　A. 无故　　　　B. 所以　　　　C. 缘故　　　　D. 而且

4. 为了揭开这个谜底,科学家们进行了难以计数的研究与实验。
   A. 无法计算　　B. 不会计算　　C. 没有结果　　D. 数量不多

5. 使人们迷惑不解的是,为什么许多没有光周期现象的热带植物同样也会"犯困"?
   A. 不明显　　B. 不明白　　C. 不解释　　D. 不解决

6. 植物竟然像人一样也有午睡的习惯。
   A. 固然　　B. 居然　　C. 果然　　D. 虽然

二、下面每个问题都有A、B、C、D四个答案,请根据课文内容选择唯一恰当的答案。

1. 睡莲的名称得自它(　　)。
   A. 睡觉的样子　　　　　　B. 昼醒晚睡的规律
   C. 艳丽的花朵　　　　　　D. 甜蜜的睡梦

2. 关于植物的睡眠,正确的说法是(　　)。
   A. 温度引起植物的睡眠　　B. 月光引起植物的睡眠
   C. 日光引起植物的睡眠　　D. 植物睡眠仍是未解之谜

3. 美国科学家恩瑞特所做实验说明了(　　)。
   A. 植物为什么会睡眠
   B. 温度是减缓叶子生长的重要因素
   C. 进行睡眠运动的植物具有更强的生存竞争能力
   D. 进行睡眠运动的叶子的温度低于不进行睡眠运动的叶子的温度

4. 植物午睡的目的是(　　)。
   A. 减少热量散失　　　　　B. 减缓生长速度
   C. 减少水分蒸发　　　　　D. 减少月光照射

三、根据课文内容,判别正误。

1. 植物的叶子需要睡眠,而花朵则不需要睡眠。　　　　（　）
2. "月光理论"能够解释植物的睡眠运动。　　　　　　（　）
3. 合欢树的睡眠运动并不受温度和光强度的控制。　　（　）
4. 植物午睡和大气环境、气温等有一定关系。　　　　（　）

四、根据课文内容,回答问题。

1. 月光和植物睡眠有什么关系？
2. 合欢树为什么要睡眠？
3. 植物睡眠和植物的生长速度有什么关系？
4. 植物为什么会午睡？

第三单元

地 理

第一课

中国的黄土

黄土与我们的祖辈结下了不解之缘。早在两千多年前"黄土"一词就已见于文献记载，古代劳动人民对黄土的认识有独到的见解，著名史学家班固(32—92)曾详细观察并描述过黄土。

黄土以在我国北方的分布最为典型。自古以来，我国的文化发展就与黄土有密切的关联。由于黄土疏松多孔，质地①均匀，易于耕作，所以，在黄土分布的区域内出现了光辉灿烂的史前文化。旧石器时代②有蓝田猿人、丁村人、河套人等，新石器时代③有仰韶文化④。先民⑤利用黄土高原特有的自然环境，创造了与印度河流域、尼罗河流域等世界早期农业完全不同的旱作农业，使黄土高原成为中华民族的发祥地。

黄土覆盖着约10%的地球陆地表面，集中分布在温带和沙漠前缘的半干旱地带。在我国，黄土遍及陕西、宁夏、山西、河南、甘肃、新疆、内蒙古和辽宁等地，分布面积达44万多平方公里。在这些地区，黄土的发育程度不完全相同，据勘察，有的地方厚度仅十余米，但在有些地方黄土厚度局部达到400多米，以西北和黄河中游一带发育最为充分。

据地质学家研究，我国的黄土高原，在大约240万年前就已开始堆积形成，此后几乎连续沉积至今。黄土高原的各个黄土塬区有着丰富的生物遗存，保存着非常完整的黄土—古土壤系列，就像一部珍贵的典籍，记录了200多万年来黄土高原地区，以及欧亚大陆所发生的重大历史事件，如生物气候环境变迁、新构造运动、人类文化的发展等。

广泛分布的厚层黄土和次生黄土，既有形成肥沃土壤、有利于农业生产的一面，也有不利的一面，那就是黄土十分松散，易被侵蚀，特别容易造成水土流失。此外，不合理的开垦和利用方式，使水土流失现象加剧，生态平衡遭到严重破坏，河流淤塞⑥。我国黄河输沙量非常可观，每年要超过16亿吨，成为世界各大河流之冠，其中80%以上的泥沙来自黄土高原。

黄土，这种特殊的沉积物对人类的生活有着重要的影响，随着科学技术的不断发展，人们对黄土有了更深入的认识，通过对黄土区古环境、现代环境的综合研究，必然有利于自然资源的合理利用和有效开发，实现可持续发展。

(选编自中国科普博览网站)

注　释

① 质地(zhìdì,texture)：材料的性质。
② 旧石器时代(jiùshíqì shídài,Old Stone Age)：石器时代的早期，约170万年前—1万年前，人类起源至农业出现以前的漫长时期。人类使用打制石器，靠渔猎和采集获得食物。
③ 新石器时代(xīnshíqì shídài,New Stone Age)："石器时代"的晚期，开始于约八九千年以前。这时人类已能磨制石器，有农业和畜牧业。
④ 仰韶文化 (yǎngsháo wénhuà,Yangshao Culture)：距今约5000—6000年中国新石器时代的一种文化。
⑤ 先民(xiānmín,ancient people)：泛指古人。
⑥ 淤塞(yūsè,siltup)：沉积的泥沙使水流不畅。

练　习

一、下面每个句子都有一个画线的词语，A、B、C、D四个答案是对这一画线的词语的不同解释，请根据课文内容选择最接近该词语的一种解释。

1. 古代劳动人民对黄土的认识有<u>独到</u>的见解。
　　A. 单独　　　B. 独特　　　C. 独断　　　D. 周到

2. 著名史学家班固曾详细观察并<u>描述</u>过黄土。
　　A. 论述　　　B. 描画　　　C. 描写　　　D. 描摹

3. 黄土高原成为中华民族的发祥地。
   A. 根据地   B. 发源地   C. 发现地   D. 发明地

4. 就像一部珍贵的典籍,记录了200多万年来黄土高原地区,以及欧亚大陆所发生的重大历史事件,如生物气候环境变迁、新构造运动、人类文化的发展等。
   A. 录取   B. 记忆   C. 记取   D. 记载

5. 不合理的开垦和利用方式,使水土流失现象加剧。
   A. 加强   B. 加快   C. 加深   D. 加重

6. 黄河输沙量每年要超过16亿吨,成为世界各大河流之冠。
   A. 头   B. 首   C. 一   D. 先

二、下面每个问题都有A、B、C、D四个答案,请根据课文内容选择唯一恰当的答案。

1. 文章举旧石器时代和新石器时代的例子是为了说明(　　)。
   A. 黄土分布广
   B. 黄土发现的早
   C. 黄土的优点多
   D. 黄土与中国文化发展关系密切

2. 黄土不利于农业生产的一面是(　　)。
   A. 疏松多孔   B. 容易造成水土流失
   C. 易于耕作   D. 质地均匀

3. 这篇文章最有可能出现在(　　)的书中。
   A.《中国历史》   B.《中国气候》
   C.《中国地理》   D.《中国文化》

4. 世界早期旱作农业发源于(　　)。
   A. 长江流域   B. 印度河流域
   C. 尼罗河流域   D. 黄河流域

三、根据课文内容,判别正误。

    1. 黄土高原是中华民族的发祥地。   (   )

    2. 黄土使水土流失现象加剧,生态平衡遭到严重破坏。   (   )

    3. 研究黄土—古土壤可以了解生物气候环境变迁、人类文化的发展历史等。   (   )

    4. 世界早期农业是旱作农业。   (   )

四、根据课文内容,回答问题。

    1. 为什么说"自古以来,我国的文化发展就与黄土有密切的关联"?

    2. 为什么说黄土高原"就像一部珍贵的典籍"?

    3. 水土流失现象为什么会日益加剧?

    4. 水土流失带来的严重后果是什么?

第二课

死海不死

　　在亚洲西部，巴勒斯坦和约旦交界处，有一个"死海"。远远望去，死海的波涛①此起彼伏，无边无际。但是，谁能想到，如此浩荡的海水中竟没有鱼虾、水草，甚至连海边也寸草不生？这大概就是"死海"得名的原因吧。

　　然而，令人惊叹的是，人们在这无鱼无草的海水里，竟能自由游弋②；即使是不会游泳的人，也总是浮在水面上，不用担心会被淹死。真是"死海不死"。

　　传说大约两千年前，罗马统帅狄杜进兵耶路撒冷，攻到死海岸边，下令处决俘虏③来的奴隶④。奴隶们被投入死海，并没有沉到水里淹死，却被波浪送回岸边。狄杜勃然大怒，再次下令将他们扔进海里，但是奴隶们依旧安然无恙。狄杜大惊失色，以为奴隶们受神灵保佑，屡⑤淹不死，只好下令将他们全部释放。

　　那么，死海的浮力为什么这样大呢？这是因为海水的咸度很高。据统计，死海的海水里含有多种矿物质：有135.46亿吨氯化钠（食盐）；有63.7亿吨氯化钙；有20亿吨氯化钾等。把各种盐类加在一起，占死海全部海水质量的23%—25%。这样，就使海水的密度大于人体的密度，无怪乎人一到海里就自然漂起来，沉不下去。

　　死海是怎样形成的呢？其实，死海是一个咸水湖，它的形成是自然界变化的结果。死海地处约旦和巴勒斯坦之间南北走向的大裂谷的中段，它的南北长80公里，东西宽约5至17公里，海水平均深度300米，最深的地方大约有400米。死海的源头主要是约旦河，河水中含有很多的盐类。河水流入死海，不断蒸发，盐类沉积下来，经年累月，越积越浓，便形成了今天世界上最咸的咸水湖——死海。

　　几十年前，死海还是一片荒凉。为了开发利用它的资源，而今死海旁边已出现了一些工厂，同时修建了一些现代化的游泳池、高级旅馆和游乐场所。死海上空艳阳高照，海面空气清新，含氧量高，海水治病的功能不逊于温泉，吸引着许多游客。这样一来，死海就出现了以前少有的生气。

　　但是，由于死海的蒸发量大于约旦河输入的水量，造成水面日趋下降。据专家统计,最近十年来,每年死海水面下降40—50厘米。长此下去,在不久的将来,南部较浅的地方,海水将会消失;较深的北部,数百年后也可能干涸。那时,死海真的要死了。

(选编自《七年级语文课本》,作者:刘兵)

注 释

① 波涛(bōtāo,wave and billows):大的波浪。
② 游弋(yóuyì,cruise):在水中游动。
③ 俘虏(fúlǔ,capture):被敌方抓获。
④ 奴隶(núlì,slave):为主人劳动而没有人身自由的人。
⑤ 屡(lǚ,repeatedly):重复地。

练 习

一、下面每个句子都有一个画线的词语,A、B、C、D四个答案是对这一画线的词语的不同解释,请根据课文内容选择最接近该词语的一种解释。

1. 如此浩荡的海水中竟没有鱼虾、水草,甚至连海边也寸草不<u>生</u>。
   A. 生活　　　B. 生存　　　C. 生长　　　D. 生育

2. 罗马统帅狄杜进兵耶路撒冷,攻到死海岸边,下令<u>处决</u>俘虏来的奴隶。
   A. 处理　　　B. 处分　　　C. 处死　　　D. 处罚

3. <u>无怪乎</u>人一到海里就自然漂起来,沉不下去。
   A. 不怪　　　B. 难怪　　　C. 奇怪　　　D. 怪不了

4. 海水治病的功能不<u>逊</u>于温泉,吸引着许多游客。
   A. 良　　　　B. 高　　　　C. 强　　　　D. 次

5. 海水治病的功能不逊于温泉,吸引着许多游客。这样一来,死海就出现了以前少有的<u>生气</u>。

  A. 生意 B. 生机 C. 生利 D. 空气

6. 较深的北部,数百年后也可能<u>干涸</u>。

  A. 干枯 B. 干燥 C. 干旱 D. 干爽

二、下面每个问题都有A、B、C、D四个答案,请根据课文内容选择唯一恰当的答案。

1. "死海"因( )得名。

  A. 地理位置   B. 蒸发量大于输入的水量
  C. 海水中没有生物 D. 淹死过许多俘虏

2. 奴隶们被投入死海,屡淹不死的原因是( )。

  A. 他们很会游泳 B. 海水浮力很大
  C. 他们受神灵的保佑 D. 死海很浅

3. "那时,死海真的要死了",这句话的意思是( )。

  A. 死海会越发荒凉 B. 死海会失去浮力
  C. 死海的咸度会越来越小 D. 死海将会消失

4. 死海可能会消失的原因是( )。

  A. 死海的含氧量高 B. 死海的咸度高
  C. 死海的蒸发量大 D. 死海的密度大

三、根据课文内容,判别正误。

1. 死海水面日趋下降的主要原因是蒸发量大于约旦河输入的水量。
                    ( )
2. 死海是世界上最咸的海。 ( )
3. 海水的密度大于人体的密度。 ( )
4. 死海海水可以治病,所以吸引了许多游客。 ( )

四、根据课文内容,回答问题。

  1. 为什么人们在死海游泳不用担心会被淹死?

  2. 死海海水的浮力为什么那么大?

  3. 死海是怎样形成的?

  4. 死海面临什么样的危险?为什么?

第三课

无处不在的风化作用

年轻恋人们常用"海枯石烂不变心"来表达自己对爱情的忠贞,似乎海不会枯,石不会烂。其实海是会枯的,石头也是会烂的。造成石头烂掉的原因就是风化作用。

物理风化是最简单的风化作用,在沙漠地区最常见。因为那里白天气温高达40℃—50℃,晚上则降到0℃以下。岩石由于热胀冷缩的作用,久而久之,便出现了裂缝,由大块变成了小块,由小块变成沙,由沙变为土,石头就烂掉了。

最常见的风化现象是岩石的球状分化,这是因为岩石的外层容易裂开和剥落①的缘故,兼之岩石内常有相互交错②的裂缝,沿裂缝风化最深。在悬崖陡坡上的岩石,因风化而发生崩落,石块沿山坡滚下,会杂乱地堆积在平缓的山坡处,形成石滩或石海。

物理风化、化学风化和生物风化作用的综合产物是氢氧化物。产生的典型矿物是氢氧化铁等。以生物风化作用为主的风化作用的综合产物是土壤;植物和气候在土壤形成的过程中起了重要的作用。

风化作用无处不在,无孔不入,它对人们的困扰,几乎可与生锈③、虫蛀④并列。在我国南方气候炎热而潮湿的地区,化学风化作用的速度最快,裸露的岩石只需几年便因风化而变得疏松,风化层可厚达几十米。位于洞穴或石窟(著名的如云冈石窟、敦煌石窟等)中的石雕虽免于风吹雨淋之苦,仍因风化而变得斑驳陆离⑤。

埃及的狮身人面像屹立于大自然中已有四千多年了,相对来说风化进行得较慢,原因之一是气候干燥,只有物理风化在起作用。第二,狮身人面像是从一整块灰岩上雕凿出来的,抗物理风化能力较强;第三个原因是那里风沙大,飞沙经常把它掩埋起来,使它免受日晒夜冻。游客们在欣赏它的英姿时,哪里会想到昨天它还埋在飞沙中呢?

(选编自《中国科普博览》)

注 释

① 剥落(bōluò, exfoliation)：一片片地脱落。
② 交错(jiāocuò, crisscross)：交叉。
③ 锈(xiù, rust)：金属表面所生的氧化物。
④ 蛀(zhù, moth)：被虫子咬坏。
⑤ 斑驳陆离(bānbó lùlí, variegated)：形容色彩纷杂。

练 习

一、下面每个句子都有一个画线的词语，A、B、C、D四个答案是对这一画线的词语的不同解释，请根据课文内容选择最接近该词语的一种解释。

1. 年轻恋人们常用"海枯石烂不变心"来表达自己对爱情的<u>忠贞</u>。
   A. 忠于   B. 忠厚   C. 忠诚   D. 忠告

2. <u>兼</u>之岩石内常有相互交错的裂缝，沿裂缝风化最深。
   A. 兼顾到   B. 再加上   C. 双倍的   D. 兼容的

3. 风化作用<u>无处不在</u>，无孔不入，它对人们的困扰，几乎可与生锈、虫蛀并列。
   A. 所有的地方都有   B. 有的地方不存在
   C. 所有的地方没有   D. 没有存在的地方

4. <u>裸</u>露的岩石只需几年便因风化而变得疏松。
   A. 显露   B. 暴露   C. 外露   D. 展露

5. 位于洞穴或石窟中的石雕虽免于风吹雨<u>淋</u>之苦。
   A. 浸   B. 泡   C. 淹   D. 浇

6. 埃及的狮身人面像屹立于大自然中已有四千多年了。
   A. 肃立　　　　B. 耸立　　　　C. 独立　　　　D. 直立

二、下面每个问题都有 A、B、C、D 四个答案，请根据课文内容选择唯一恰当的答案。

1. 最常见的风化现象是岩石的(　　)。
   A. 物理风化　　　　　　　B. 化学风化
   C. 球状分化　　　　　　　D. 生物风化

2. 在土壤形成过程中起重要作用的风化是(　　)。
   A. 物理风化　　　　　　　B. 生物风化
   C. 化学风化　　　　　　　D. 球状风化

3. 埃及狮身人面像受到的风化是(　　)。
   A. 化学风化　　　　　　　B. 球状分化
   C. 物理风化　　　　　　　D. 生物风化

4. 在我国南方炎热而潮湿的地区,风化作用速度最快的是(　　)。
   A. 化学风化　　　　　　　B. 物理风化
   C. 生物风化　　　　　　　D. 球状风化

三、根据课文内容,判别正误。

1. 物理风化发生在潮湿的地区。　　　　　　　　　　　　(　　)
2. 裸露的岩石容易被风化。　　　　　　　　　　　　　　(　　)
3. 风化作用给人们带来的困扰和生锈、虫蛀完全一样。　　(　　)
4. 埃及的狮身人面像埋在沙中有四千多年。　　　　　　　(　　)

四、根据课文内容,回答问题。

1. 石头会怎样烂掉？
2. 什么是球状分化？
3. 哪一种风化对石头破坏最为严重？
4. 埃及的狮身人面像为什么会风化较慢？

第四课

撩开青藏高原的面纱

  青藏高原是全球独特的地质、地理单元,它不光是研究全球变化的野外实验室,还是中国和东南亚地区的"水塔"、亚洲和北半球大气系统的"调节器",并孕育了地球上独特的生态系统和高山生物基因库。

  上亿年前还是波涛汹涌的古地中海一部分的青藏高原,由于印度洋的扩张、地壳运动、大地抬升,成为平均海拔5023米的"世界屋脊"。

  庞大的青藏高原边缘高山环绕、峡谷深切,内部山脉耸立、湖泊盆地棋布,地貌十分独特。高原上除著名的昆仑山、巴颜喀拉山、喀喇昆仑山、唐古拉山、冈底斯山、念青唐古拉山、喜马拉雅①山等高大山系和包括珠穆朗玛峰在内的14座海拔8000米以上的山峰外,还分布着46000多条冰川,其面积相当于亚洲山地冰川面积的40%。

  这里是长江、黄河、怒江、澜沧江、雅鲁藏布江及印度河等10条大江大河的发源地和分水岭②,是世界河流水能蕴藏量最集中的地区。另外,它还是中国湖泊数量最多、面积最大的地区,整个青藏高原湖泊总面积为36889平方公里,占全国湖泊总面积的52%。

  统计表明,目前青藏高原已知高等植物有1.3万多种,陆栖脊椎动物近1100种,占全国物种总数的45%。西藏境内的物种尤为丰富,全国重点保护的野生动物,有1/3以上的种类在西藏生存。藏野驴、野牦牛、黑颈鹤、云豹、雪豹等都是中国特有的珍稀保护动物。此外,西藏还有占世界90%以上的裂腹鱼类、488种鸟类和近4000种昆虫。西藏已成为保障地球生物多样性的重要基因库。

  离太阳最近的"地球第三极","烧太阳"的优势是独一无二的。据测算,青藏高原太阳能年均辐射总量在6000—8000兆焦/平方米,年日照时数长达3400小时。西藏自治区全区每年利用太阳能照明、取暖、做饭等,节约能源相当于13万吨标准煤。

  由于交通的限制,千百年来青藏高原如同凌空③孤立的"桃花源",不为外人所知。而今天,青藏、川藏公路,以及数十条省际公路、空中航线,把青藏高原与祖国内地及世界紧紧相连。2006年通车的青藏铁路更是大大方便了人员往来。当世界各地的旅行者和探险家纷至沓来④,饱览雪域高原神秘文化和秀美风光的时候,纵横交错的交通网早已把最初探索者们留下的艰难足迹湮没⑤在历史风尘中。

(选编自《瞭望》,作者:贾立君、颜园园)

注 释

① 喜马拉雅(Xǐmǎlāyǎ,Himalaya):世界最高山脉。
② 分水岭(fēnshuǐlǐng,watershed):相邻两个流域的分界,多是地势较高的地带。
③ 凌空(língkōng,be high up in the air):高高地在天空中。
④ 纷至沓来(fēnzhì tàlái,come in a continuous stream):纷纷到来。
⑤ 湮没(yānmò,deep six):埋没消失。

练 习

一、下面每个句子都有一个画线的词语,A、B、C、D四个答案是对这一画线的词语的不同解释,请根据课文内容选择最接近该词语的一种解释。

1. 它<u>不光</u>是研究全球变化的野外实验室,还是中国和东南亚地区的"水塔"、亚洲和北半球大气系统的"调节器"。
   A. 不单   B. 不过   C. 不全   D. 不论

2. 藏野驴、野牦牛、黑颈鹤、云豹、雪豹等都是中国特有的<u>珍稀</u>保护动物。
   A. 贵重而稀少   B. 可贵而稀少
   C. 珍贵而稀少   D. 昂贵而稀少

3. 西藏境内的物种尤为丰富,全国重点保护的野生动物,有 1/3 以上的种类在西藏生存。

   A. 十分　　　　B. 更加　　　　C. 人为　　　　D. 优秀

4. 离太阳最近的"地球第三极","烧太阳"的优势是独一无二的。

   A. 唯一　　　　B. 单独　　　　C. 孤独　　　　D. 唯独

5. 千百年来青藏高原如同凌空孤立的"桃花源",不为外人所知。

   A. 叫　　　　　B. 让　　　　　C. 被　　　　　D. 使

6. 世界各地的旅行者和探险家纷至沓来,饱览雪域高原神秘文化和秀美风光。

   A. 充裕　　　　B. 充分　　　　C. 充满　　　　D. 充足

二、下面每个问题都有 A、B、C、D 四个答案,请根据课文内容选择唯一恰当的答案。

1. 上亿年前的青藏高原是(　　)。

   A. 中国和东南亚地区的"水塔"

   B. 世界屋脊

   C. 波涛汹涌的大海

   D. 凌空孤立的"桃花源"

2. 不是青藏高原成为"世界屋脊"的原因的是(　　)。

   A. 大地抬升　　　　　　B. 地壳运动

   C. 印度洋的扩张　　　　D. 山脉耸立

3. "烧太阳"在课文中的意思是(　　)。

   A. 青藏高原太阳燃烧得很厉害

   B. 青藏高原太阳光很强

   C. 青藏高原太阳能辐射量很大

   D. 人们能够充分利用太阳能

4. 这篇文章没有谈到（　　）。
   A. 青藏高原的成因　　　　B. 青藏高原的面积
   C. 青藏高原的地貌　　　　D. 青藏高原的高度

三、根据课文内容，判别正误。

1. 青藏高原的面积相当于亚洲山地面积的 40%。　　　　（　　）
2. 西藏自治区每年燃烧 13 万吨标准煤。　　　　　　　　（　　）
3. 青藏高原生活着世界特有的珍稀保护动物。　　　　　（　　）
4. 探索者们留下的艰难足迹已经看不到了。　　　　　　（　　）

四、根据课文内容，回答问题。

1. 为什么说青藏高原是中国和东南亚地区的"水塔"？
2. 青藏高原是怎样形成的？
3. 青藏高原有哪些中国之最？
4. 为什么说青藏高原"烧太阳"的优势独一无二？

第四单元

气 象

第一课

天气预报的来历

如今人们外出,只需收听或观看天气预报,就可以决定是否带雨具,而在过去,则要顾虑天有不测风云①。那么,气象台每天最重要的工作——天气预报是怎样诞生的呢?

1853年—1856年,沙皇②俄国同英法两国进行了克里木战争,结果沙俄战败。正是这次战争,导致了天气预报的出现。

这是一场规模巨大的海战,1854年11月14日,当双方在欧洲的黑海展开激战时,风暴突然降临,最大风速超过每秒30米,海上掀起了万丈狂澜,使英法舰队险些全军覆没。事后,英法联军仍然心有余悸③,法军作战部要求巴黎天文台台长勒佛里埃仔细研究这次风暴的来龙去脉④。那时还没有电话,勒佛里埃只有写信给各国的天文、气象工作者,向他们收集1854年11月12—16日5天内当地的天气情报。他一共收到250封回信。勒佛里埃根据这些资料,经过认真分析、推理和判断,查明黑海风暴来自茫茫的大西洋,自西向东横扫欧洲,出事前两天,西班牙和法国已先后受到它的影响。勒佛里埃望着天空飘忽不定的云层,陷入了沉思:"这次风暴从表面上看来得突然,实际上它有一个发展移动的过程。电报已经发明了,如果当时欧洲大西洋沿岸一带设有气象站,及时把风暴的情况电告英法舰队,不就可以避免惨重的损失吗?"

于是,1855年3月19日,勒佛里埃在法国科学院作报告说,假如组织气象站网,用电报迅速把观测资料集中到一个地方,分析绘制成天气图,就有可能推断出未来风暴的运行路径。勒佛里埃的独特设想,在法国乃至世界各地引起了强烈反响。人们深刻认识到,准确预测天气,不仅有利于行军作战,而且对工农业生产和日常生活都有极大的好处。由于社会上各方面的需要,在勒佛里埃的积极推动下,1856年,法国成立了世界上第一个正规的天气预报服务系统。

天气预报的诞生历史说明,气象条件可以影响局部战争或战役的胜败,而由于战争的需要,又推动和发展了气象事业。随着生产力的发展和科学技术的进步,人类活动范围空前扩大,对大自然的影响也越来越大,因而天气预报就成为现代社会不可缺少的重要信息。

(选编自中国科普博览网站)

注 释

① 天有不测风云 (tiān yǒu búcè fēngyún, Something unexpected may happen any time.):随时会发生一些意想不到的事情。
② 沙皇(shāhuáng, czar):古代俄国皇帝。
③ 余悸(yújì, lingering):事情过后仍感到害怕。
④ 来龙去脉 (lái lóng qù mài, cause and effect):比喻事情的开始结束、前因后果。

练 习

一、下面每个句子都有一个画线的词语,A、B、C、D四个答案是对这一画线的词语的不同解释,请根据课文内容选择最接近该词语的一种解释。

1. 如今人们外出,只需收听或观看天气预报,就可以决定是否带雨具,而在过去,则要顾虑天有不测风云。
   A. 考虑   B. 照顾   C. 焦虑   D. 顾及

2. 海上掀起了万丈狂澜,使英法舰队险些全军覆没。
   A. 危险   B. 差一点   C. 基本   D. 差不多

3. 勒佛里埃望着天空飘忽不定的云层,陷入了沉思。
   A. 进入   B. 落入   C. 沉入   D. 深入

4. 分析绘制成天气图,就有可能推断出未来风暴的运行路径。
   A. 路途   B. 路线   C. 路程   D. 路段

5. 勒佛里埃的独特设想,在法国乃至世界各地引起了强烈反响。
   A. 至于　　　　B. 以至　　　　C. 甚至　　　　D. 及至

6. 随着生产力的发展和科学技术的进步,人类活动范围空前扩大。
   A. 不如以前　　B. 空虚　　　　C. 前进　　　　D. 前所未有

二、下面每个问题都有A、B、C、D四个答案,请根据课文内容选择唯一恰当的答案。

1. 英法舰队险些全军覆没的原因是(　　)。
   A. 沙皇俄国太强大
   B. 巨大的风暴
   C. 气象站没有及时告诉他们天气情况
   D. 天文台台长没有仔细研究风暴的来龙去脉

2. 研制发明天气预报的是(　　)。
   A. 英国人　　　　　　　　B. 俄国人
   C. 法国人　　　　　　　　D. 西班牙人

3. 天气预报诞生的起因是(　　)。
   A. 生活的需要　　　　　　B. 战争的需要
   C. 生产力发展的需要　　　D. 科学技术进步的需要

4. 本文主要讲述了(　　)。
   A. 克里木海战的经过　　　B. 气象站的设立
   C. 天气预报的作用　　　　D. 天气预报的发明

三、根据课文内容,判别正误。

1. 克里木战争使英法舰队险些全军覆没。（　　）
2. 因为没有电报,勒佛里埃只有写信给各国的天文、气象工作者。（　　）
3. 准确预测天气,对工农业生产和日常生活有极大的好处。（　　）
4. 世界上第一个正规的天气预报服务系统诞生于法国。（　　）

四、根据课文内容,回答问题。

1. 天气预报的诞生与什么有关系?
2. 准确预测天气有什么好处?
3. 勒佛里埃是怎样研究天气的?
4. 天气预报的诞生历史说明了什么?

第四单元 气 象

第二课　全球变暖：21世纪最危险的挑战

美国的《科学》杂志公布了一项令人不安的研究结果：乞力马扎罗的雪很可能将在未来的20年内完全融化。从20世纪初期开始至今,这座非洲的最高峰上已经融化了80%以上的冰雪。

需要指出的是,全球变暖绝不只是与乞力马扎罗、喜马拉雅或阿尔卑斯①的雪有关。

联合国和国际气象组织IPCC(政府间气候变化委员会)已经为全球变暖开展了长达11年的研究工作。根据不久前IPCC发表的第三个报告,在21世纪,全球变暖将比20世纪要严重得多,其升温速度很可能是过去1万年里从未有过的。这足以引发更频繁的洪灾和旱灾、大规模的疾病流行以及数以百万计的"环境难民",发展中国家也将因此蒙受更大的损失。

许多有识之士都认为,气候变化是今后100年里人类所面临的最危险和最可怕的挑战。

那么全球变暖的原因到底是什么呢？

英国阿马天文台的科学家最近提出,该天文台长达200多年的气候记录表明,地面气温与太阳活动周期存在联系。

科学家对有关数据进行分析后发现,在过去的100年里,天文台所在地的平均气温明显升高,气候确有变暖趋势。同时,气温变化与太阳活动周期表现出显著的相关性：当太阳处在一个较长活动周期内时,气温较低；活动周期短时,气温较高。太阳活动周期一般为11年,有时会延长或缩短几年。

上述研究结果表明,太阳活动可能是造成气候变暖的原因之一。至于太阳活动周期长短影响地球气候的具体机制,科学家尚不清楚。他们以为,可能是太阳活动强弱影响了到达地球的宇宙射线数量,导致高空和低空云量发生变化,进而影响云层对阳光和地面红外线的返照②,导致气温上升或下降。但由于没有充足的云量变化数据,上述解释只能是一种猜测。

尽管人类排放的温室气体是导致全球变暖的主要原因,但科学家可能低估了太阳活动对地球气候的影响。不过专家也指出,由于人类无法改变太阳的活动,因而减缓全球变暖的首要任务还是减少排放温室气体。

(选编自《南方周末》,作者:朱力远)

注 释

① 阿尔卑斯(Ā'ěrbēisī,Alps):欧洲著名山峰。
② 返照(fǎnzhào,reflect):光线的反射。

练 习

一、下面每个句子都有一个画线的词语,A、B、C、D 四个答案是对这一画线的词语的不同解释,请根据课文内容选择最接近该词语的一种解释。

1. 美国的《科学》杂志<u>公布</u>了一项令人不安的研究结果。
   A. 公告   B. 发布   C. 宣布   D. 公开

2. 这<u>足以</u>引发更频繁的洪灾和旱灾、大规模的疾病流行以及数以百万计的"环境难民"。
   A. 可以   B. 足够   C. 得以   D. 能以

3. 发展中国家也将因此<u>蒙受</u>更大的损失。
   A. 经受   B. 接受   C. 遭受   D. 忍受

4. 许多<u>有识之士</u>都认为,气候变化是今后 100 年里人类所面临的最危险和最可怕的挑战。
   A. 有认识的人   B. 有见识的士兵
   C. 有认识的士兵   D. 有见识的人

5. 那么全球变暖的原因到底是什么呢?
   A. 究竟　　　B. 毕竟　　　C. 终究　　　D. 终于

6. 科学家可能低估了太阳活动对地球气候的影响。
   A. 看不起　　B. 忽视　　　C. 估价　　　D. 过低估计

二、下面每个问题都有 A、B、C、D 四个答案，请根据课文内容选择唯一恰当的答案。

1. 造成数以百万计"环境难民"的主要原因是(　　)。
   A. 频繁的洪灾和旱灾　　　B. 大规模的疾病流行
   C. 太阳活动　　　　　　　D. 气候变化

2. 21世纪人类所面临的最危险的挑战是(　　)。
   A. 冰雪融化　　　　　　　B. 频繁的洪灾和旱灾
   C. 大规模的疾病流行　　　D. 气候变暖

3. 目前人类可以做到的减缓全球变暖的方法是(　　)。
   A. 改变太阳活动
   B. 减少排放温室气体
   C. 缩短太阳活动周期
   D. 加大云层对阳光和地面红外线的返照

4. 本文作者的口气是(　　)。
   A. 乐观的　　　　　　　　B. 悲观的
   C. 轻松的　　　　　　　　D. 紧张的

三、根据课文内容，判别正误。

1. 20世纪全球变暖的速度是过去1万年里从未有过的。(　　)
2. 气候变化是今后100年里人类所面临的最危险和最可怕的挑战。
   (　　)
3. 太阳活动周期长时,气温较高;活动周期短时,气温较低。(　　)
4. 人类排放的温室气体是导致全球变暖的主要原因。(　　)

四、根据课文内容,回答问题。

1. 全球变暖会引发什么样的严重后果?
2. 气温变化与太阳活动周期有什么关系?
3. 全球变暖的原因可能是什么?
4. 减缓全球变暖的首要任务是什么?

第三课

如果地球上没有雪

如果没有雪，世界会变得怎样？不能滑雪、不能乘雪橇①……但除了失去这些冬日里的运动乐趣，还有更让人忧心的事情。根据科学家最新的计算机模拟预测，一旦失去雪，地球的平均温度将会上升0.8℃。

气候学家介绍说，雪能明显影响气候，有给地球"降温"的作用，积雪能比土壤更加有效地反射太阳光、辐射热量。不过，积雪却会使得地表局部温度上升，因为积雪相当于将地表与空气隔离起来，像"棉被"一样将本应扩散到空气中的地表热量束缚②住。所以，地球失去雪之后气候会变得怎样，不是一个能轻易找到答案的问题。

美国气候学家斯蒂芬·瓦夫鲁什专门设计了一个计算机模型进行模拟预测。他首先利用美国全国大气研究中心开发的"标准气候模型"进行模拟。然后，瓦夫鲁什在此基础上进行了一个小改动：假设任何降落到地表的雪触地后即刻就变成水。也就是说，各地区的总降水量与以往相同，但都变成了降雨的形式。

虽然这一假设对于极地地区很不现实，但得出的模拟结果却让人惊诧：假如没有雪来辐射热量，无雪的极地地区如加拿大北部和俄罗斯等气温会上升多达5℃。而另一方面，虽然空气越来越温暖，地表却越来越寒冷。常年冰冻的永久冻土地带会从两极向外不断扩大。瓦夫鲁什认为，这是由于地表失去积雪的隔热效果造成的。在冬天，没有一层积雪覆盖在上面，地面会损失更多热量，极地短暂的夏天来临时所吸收的热量，不足以弥补这一损失。

许多气候学家认为，这项研究非常重要，因为雪的确对地球能量系统意义重大。在全球变暖的趋势下，雪与气候变化之间的关系会更加密切。

(选编自新华网，作者：张忠霞)

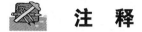

注　释

① 雪橇(xuěqiāo, sleigh)：用狗、马等拉的在雪上滑行的交通工具。
② 束缚(shùfù, bind up)：约束限制。

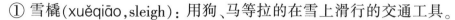

练　习

一、下面每个句子都有一个画线的词语，A、B、C、D四个答案是对这一画线的词语的不同解释，请根据课文内容选择最接近该词语的一种解释。

1. 但除了失去这些冬日里的运动乐趣，还有更让人<u>忧心</u>的事情。
　　A. 操心　　　B. 担心　　　C. 伤心　　　D. 寒心

2. 所以，地球失去雪之后气候会变得怎样，不是一个能<u>轻易</u>找到答案的问题。
　　A. 简单容易　B. 轻闲　　　C. 交易　　　D. 轻快

3. 美国气候学家斯蒂芬·瓦夫鲁什专门设计了一个计算机模型进行<u>模拟</u>预测。
　　A. 模范　　　B. 模仿　　　C. 模效　　　D. 模式

4. 虽然这一假设对于极地地区很不现实，但得出的模拟结果却让人<u>惊诧</u>。
　　A. 惊喜　　　B. 惊慌　　　C. 惊讶　　　D. 惊险

5. 极地短暂的夏天来临时所吸收的热量，不足以<u>弥补</u>这一损失。
　　A. 掩盖　　　B. 补偿　　　C. 修补　　　D. 补贴

6. 这项研究非常重要，因为雪<u>的确</u>对地球能量系统意义重大。
　　A. 正确　　　B. 真实　　　C. 实在　　　D. 确切

二、下面每个问题都有 A、B、C、D 四个答案，请根据课文内容选择唯一恰当的答案。

1. 如果没有雪，极地地区的温度将会上升（　　）。
   A. 0.8℃　　　　　　　　B. 5℃
   C. 10℃　　　　　　　　D. 5℃—10℃

2. 积雪对人类来说最主要的作用是（　　）。
   A. 给地球"降温"　　　　B. 提供生活用水
   C. 增加降雨量　　　　　D. 提供运动乐趣

3. 假如没有积雪，极地地区不会出现（　　）的现象。
   A. 地表越来越寒冷　　　B. 空气越来越温暖
   C. 永久冻土带扩大　　　D. 不再下雨

4. 本文主要说明（　　）。
   A. 积雪的作用
   B. 雪与气候变化之间的关系
   C. 如何进行计算机模拟预测
   D. 怎样研究积雪

三、根据课文内容，判别正误。

1. 如果没有雪，人们担心失去冬日里的运动乐趣。（　　）
2. 假如没有雪，地球的平均温度将会上升0.8℃。（　　）
3. 假如没有雪来辐射热量，空气会越来越温暖，地表却会越来越寒冷。
   （　　）
4. 如果没有积雪覆盖，地面会吸收更多热量。（　　）

四、根据课文内容，回答问题。

1. 积雪有什么作用？
2. 气候学家斯蒂芬·瓦夫鲁什是怎样做实验的？
3. 气候学家得出的模拟结果怎样？
4. "假如没有雪"的研究有什么意义？

第四课

气候变化推动社会演变？

有科学家相信,社会文明兴起与衰落、战争和浩劫①以及重大科学发现和文化成就的主要原因并不完全是阶级斗争和个人在历史上的作用,很可能是年平均温度的一般性变化和降水量的多寡。

欧洲的冰川解冻,亚洲的干旱年代,都引发过让地球上文明荡然无存②的战争。地区性的气候变坏,比如变冷或干旱无雨,往往总是伴随着一些伟大帝国的出现、智力型人物辈出③、精神生活有新的建树与突破、天才发明层出不穷④。可一旦气候变暖,帝国便土崩瓦解⑤,人们也缺乏勇敢大胆的时代激情。

解冻天气葬送⑥了帝国？科学家的回答是肯定的。公元前3200—公元前3000年,地球上诞生了三个伟大的文明——埃及文明、美索不达米亚文明和印度哈拉巴文明。而在公元前四世纪之前,高度文明是不存在的。可这时一下子就冒出来三个,而且它们是完全孤立的。气候稍一改变,便诞生了三个文明,后来它们又统统被蛮夷⑦消灭。

究其原因,是因为当时自然条件突然变坏,不是干旱,便是气候变得奇寒,植物的生长期大大缩短,收成骤减,土地再也养不活原先的居民,于是这些居民被迫离开故土。这些游牧民族自己觉得是在漫无目的地流动,可只要从气候地图去查找他们的走向,便会发现他们实际上遵循的是湿度梯度,沿途消灭那些帝国。如果气候只是区域性变坏,而不是全球性的改变,就会是那些处在最恶劣环境的民族最终成为胜利者,因为他们再没退路。

科学家还列举了人类历史上的所谓"轴心时代"为例。那是公元前700—公元前400年间,这段时间可以算是人类文明史上一个最辉煌的时代。正是在那个时候,青铜时代最终被铁器时代所取代,全球不同角落一下子同时诞生了好几个世界性的宗教,出现了好几个帝国,其中有波斯的阿契美尼德王朝,印度的孔雀王朝和中国的秦王朝。"轴心时代"从根本上改变了人类社会的一切:世界观、对生活的看法、科技……可以说,"轴心时代"正好是历史上最冷的一个时期。

甚至有人认为,苏联的解体也同全球变暖有关。只是历史还不是物理学,它没有什么硬性的结局,尽管不大可信,但也常有个例发生。因为地球上就从来没有过"平均和正常"的气候。不过尽管如此,地球上的每次变冷和转暖都一定会引发战争和民族的迁徙,从而构成推动历史前进的动力。

(选编自《北京科技报》)

注　释

① 浩劫(hàojié, great calamity)：大的灾难。
② 荡然无存(dàngrán wú cún, nothing left)：一点不剩。
③ 辈出(bèichū, come forth in great number)：接连不断地出现
④ 层出不穷(cén chū bù qióng, gemerge in endless)：接连不断地出现,没有尽头。
⑤ 土崩瓦解(tǔ bēng wǎ jiě, fall apart)：比喻彻底垮台。
⑥ 葬送(zàngsòng, put an end to)：断送。
⑦ 蛮夷(mányí, the marns—name for minority nationality)：古代泛指中原民族以外的少数民族。

练　习

一、下面每个句子都有一个画线的词语,A、B、C、D 四个答案是对这一画线的词语的不同解释,请根据课文内容选择最接近该词语的一种解释。

1. 社会文明兴起与<u>衰落</u>、战争和浩劫以及重大科学发现和文化成就的主要原因并不完全是阶级斗争和个人在历史上的作用。

　　A. 下落　　　B. 降落　　　C. 没落　　　D. 掉落

2. 往往总是伴随着一些伟大帝国的出现、智力型人物辈出、精神生活有新的<u>建树</u>与突破、天才发明层出不穷。

　　A. 建设　　　B. 建立　　　C. 贡献　　　D. 树立

3. 究其原因,是因为当时自然条件突然变坏。
   A. 追究　　　B. 研究　　　C. 探究　　　D. 终究

4. 于是这些居民被迫离开故土。
   A. 老乡　　　B. 故乡　　　C. 土地　　　D. 亲人

5. 这些游牧民族自己觉得是在漫无目的地流动。
   A. 流通　　　B. 流行　　　C. 动荡　　　D. 移动

6. 只是历史还不是物理学,它没有什么硬性的结局。
   A. 坚硬　　　B. 硬化　　　C. 不能改变　　　D. 强硬

二、下面每个问题都有 A、B、C、D 四个答案,请根据课文内容选择唯一恰当的答案。

1. 作者认为推动社会发展的主要原因是(　　)。
   A. 阶级斗争　　　　B. 个人在历史上的作用
   C. 气候的变化　　　D. 自然条件

2. 文章没有提到的古代文明是(　　)。
   A. 埃及文明　　　　B. 美索不达米亚文明
   C. 印度文明　　　　D. 美洲文明

3. 文章没有提到的古代帝国是(　　)。
   A. 阿契美尼德王朝　B. 古罗马帝国
   C. 秦王朝　　　　　D. 孔雀王朝

4. 本文主要讲述(　　)。
   A. 古代文明　　　　B. 轴心时代
   C. 苏联的解体　　　D. 气候变化与社会演变

三、根据课文内容,判别正误。

1. 气候变冷,帝国便会出现;气候变暖,帝国就土崩瓦解。（ ）

2. 公元前 700 公元前 400 年间,铁器时代取代了青铜时代。（ ）

3. 如果从气候地图查找,就会发现游牧民族并不是在漫无目的地流动。
（ ）

4. "轴心时代"从根本上改变了人类社会的一切。（ ）

四、根据课文内容,回答问题。

1. 气候变化对人类历史发展有什么影响？

2. 科学家认为文明的出现与消失与气候有什么关系？

3. "轴心时代"对人类社会有什么影响？

4. "轴心时代"与气候有什么关系？

第五单元

生 命

第一课　双胞胎①到底有没有"心灵感应②"？

人们都知道双胞胎相貌相似，但他们是否互相也"心有灵犀③"？

一对生活在美国俄亥俄州的双胞胎，一出生就被不同的家庭收养，四十多年后二人重逢时发现他们的生活有着惊人的相似。兄弟俩都叫"詹姆士"，都在机械绘画和木工工艺方面具有天赋。二人都有过两次婚姻，他们的前妻都叫琳达，而现任妻子的名字又都是贝蒂。他们各有两个儿子，分别名叫詹姆士·艾伦和詹姆士·艾兰。此外，两家宠物狗的名字都叫"玩具"。

很多人看到这些惊人的相似都感到太神奇了！这是为什么？怎么那么巧？双胞胎之间到底有没有"心灵感应"存在？

科学工作者更多地把这种现象与遗传基因的相同或相似联系起来。一些研究者把"心灵感应"定义为排除借助所有已知的、可能的物质传递方式而出现的心灵信息传递现象。

全世界双胞胎平均出生率为1:89，双胞胎一般可分为同卵双胞胎和异卵双胞胎两类。有研究者指出，所谓的"心灵感应"一般都发生在基因完全相同的同卵双胞胎之间。这表明，这一现象的发生是与基因的相似程度直接相关的。

在日常生活中，双胞胎考试分数相同往往被当作"心灵感应"的确凿证据。这样的例子也屡见不鲜。从已有的遗传学知识可知，由于基因相同，同卵双胞胎的智力水平、思维方式以及解决问题的步骤都很相似，当他们面对同样的考试环境和考题时，就很有可能选择同样的解题方法甚至出现同样的错误。这种现象并不是所谓的"心灵感应"，也不能简单地概括为巧合。

双胞胎在生理和心理上的息息相通也经常被人们用"心灵感应"来解释。同卵双胞胎同时生病的情况十分常见，出现这种状况的原因是，双胞胎的生理周期较为一致。在遇到气候变化或其他的环境因素改变时，他们的身体会做出相同的反应。历史上甚至有双胞胎在睡梦中因心脏病同时发作而死亡的记录。因为有一些疾病，如某类心脏病引发猝死④完全取决于一种遗传基因。

此外，很多双胞胎都有这样的经历：二人虽然身处异地，可是他们的情绪状况却常常很相似。有些时候，连他们自己都会怀疑是不是他们之间真的有"心灵感应"。其实这只是因为他们情绪周期的高潮和低谷总是同时到来。这一点更容易从心理角度来理解。

当然，生命的很多奥秘人类还不能够解释，生活中的许多现象我们还无法理解。科学对一切未知的东西并不轻易否定。但是，到目前为止，还没有直接的科学证据证明"心灵感应"现象的存在。

(选编自《科技日报》，作者：张如)

注　释

① 双胞胎(shuāngbāotāi, twins)：孪生的一对。
② 感应(gǎnyìng, influence)：因受外界影响而引起相应的反应。
③ 灵犀(língxī, rhinoceros horn)：比喻心领神会，感情共鸣。
④ 猝死(cùsǐ, sudden death)：医学上指不是由于暴力，而是由于体内潜在的疾病而引起的突然死亡。

练　习

一、下面每个句子都有一个画线的词语，A、B、C、D四个答案是对这一画线的词语的不同解释，请根据课文内容选择最接近该词语的一种解释。

1. 一对生活在美国俄亥俄州的双胞胎，一出生就被不同的家庭<u>收养</u>。
   A. 保养　　　　B. 赡养　　　　C. 教养　　　　D. 领养

2. 兄弟俩都叫"詹姆士"，都在机械绘画和木工工艺方面具有<u>天赋</u>。
   A. 天生　　　　B. 天分　　　　C. 能力　　　　D. 兴趣

3. 双胞胎考试分数相同往往被当作"心灵感应"的确凿证据。
   A. 确实　　　B. 准确　　　C. 穿凿　　　D. 开凿

4. 这种现象并不是所谓的"心灵感应",也不能简单地概括为巧合。
   A. 凑巧相同　　B. 凑合　　　C. 精巧　　　D. 乖巧

5. 如某类心脏病引发猝死完全取决于一种遗传基因。
   A. 突击　　　B. 偶尔　　　C. 突然　　　D. 偶然

6. 二人虽然身处异地,可是他们的情绪状况却常常很相似。
   A. 外地　　　B. 内地　　　C. 不同的地方　　D. 异己

二、下面每个问题都有ABCD四个答案,请根据文章内容选择唯一恰当的答案。

1. 一对生活在美国俄亥俄州的双胞胎,他们的惊人之处是(　　)。
   A. 一出生就被不同的家庭收养
   B. 二人四十多年后重逢
   C. 他们的生活经历很相似
   D. 兄弟俩都叫"詹姆士"

2. 不能作双胞胎有"心灵感应"证据的是(　　)。
   A. 他们的考试分数相同　　　B. 他们的生理周期一致
   C. 他们的情绪状况相似　　　D. 他们的名字常常相同

3. 同卵双胞胎有许多相似之处,原因是(　　)。
   A. 他们之间存在"心灵感应"　B. 他们的遗传基因相同或相似
   C. 他们的生理周期一致　　　D. 他们的情绪状况相似

4. 本文主要说明(　　)。
   A. 双胞胎的相似之处
   B. 双胞胎之间的"心灵感应"
   C. 双胞胎的相似之处尚不足以证明"心灵感应"现象存在
   D. 同卵双胞胎与异卵双胞胎的差异

三、根据文章内容,判别正误。

1. 双胞胎不仅相貌相似,他们也有心灵感应。　　　　　(　)
2. 很多人看到双胞胎的这些惊人的相似都感到太神奇了。(　)
3. 双胞胎相似现象并不是所谓的"心灵感应",只是巧合而已。(　)
4. 目前,科学还无法证明"心灵感应"现象的存在。　　　(　)

四、根据课文内容,回答问题。

1. 举例说明双胞胎在生理上的相似之处。
2. 双胞胎为什么会有许多相似之处?
3. 为什么双胞胎考试分数会相同?
4. 双胞胎为什么会怀疑自己真的有"心灵感应"?

第二课

生命从何而来

人从何而来？生命的起源是什么？这是自古以来最大的谜团之一。

漫长的岁月里，不论是东方，还是西方，不论是在古老的神话中，还是在宗教中，人们相信包括人在内的万物生灵，都是由神创造的，而且从神造物那天起他们的性状(即形态特征和生理特点)就再未改变。

19世纪前期的英国，农牧业育种工作已有了很大进展。仅葡萄的品种就有700—1000个，牛的品种也有400多个。这使人们有理由怀疑物种不变论，为生物进化提供了有力的旁证。

1831年12月7日，年仅22岁的英国生物学家C.达尔文(1809—1882)随英国战舰"贝格尔"号出发，进行了历时五年多的环球航行。

沿途达尔文采集了大量动植物标本[①]和化石，并观察到了许多自然界物种变化的现象。例如，他发现一种古代动物化石与现在南美洲犰狳[②]很相似，但体积大得多。这些事实只能用进化的观点来解释。

在1837年返回英国后的二十多年里，达尔文继续进行资料的收集和整理，并经过潜心研究，于1859年发表了不朽的科学名著《物种起源》，第一次用大量事实和系统的理论论证了生物进化的规律。

达尔文的生物进化理论认为：生物最初是从非生物发展而来的，现代生存的各种生物有着共同的祖先，在漫长的进化过程中通过变异、遗传和自然选择，生物由低级到高级，从简单到复杂，种类由少到多。达尔文指出：生物进化的主导力量是自然选择，那些发生细微不定变异的生物个体，如果适合了当时外界环境条件就可以生存下来，并通过累代的选择作用，逐渐使这种变异发展成为新的物种；如果不适合，就不能生存下来或不能传之后代。

(选编自雅虎知识堂网站)

注 释

① 标本(biāoběn, specimen)：挑选出来供学习、研究用的动物、植物或矿石样品。
② 犰狳(qiúyú, armadillo)：一种产于南美等地的哺乳动物。

练 习

一、下面每个句子都有一个画线的词语，A、B、C、D 四个答案是对这一画线的词语的不同解释，请根据课文内容选择最接近该词语的一种解释。

1. 这是自古以来最大的<u>谜团</u>之一。
   A. 谜语　　　B. 谜底　　　C. 疑团　　　D. 疑难

2. 为生物进化提供了有力的<u>旁证</u>。
   A. 旁观　　　B. 旁听　　　C. 作证　　　D. 证据

3. 沿途达尔文<u>采集</u>了大量动植物标本和化石。
   A. 召集　　　B. 收集　　　C. 采花　　　D. 采摘

4. 达尔文继续进行资料的收集和整理，并经过<u>潜心</u>研究。
   A. 潜水　　　B. 潜伏　　　C. 安心　　　D. 专心

5. 1859 年发表了<u>不朽</u>的科学名著《物种起源》。
   A. 不磨灭　　B. 不腐烂　　C. 不枯燥　　D. 不腐蚀

6. 并通过<u>累代</u>的选择作用，逐渐使这种变异发展成为新的物种。
   A. 日历　　　B. 历代　　　C. 替代　　　D. 累赘

二、下面每个问题都有A、B、C、D四个答案,请根据文章内容选择唯一恰当的答案。

1. 达尔文进行了历时五年多的环球航行,目的是(　　)。
    A. 采集动植物标本和化石
    B. 观察自然界物种变化的现象
    C. 发现古代动物化石与现在南美洲犰狳很相似
    D. 为物种不变的观点收集证据

2. 《物种起源》被称为"不朽的科学名著",原因是(　　)。
    A. 达尔文用二十多年写成的
    B. 达尔文经过潜心研究后发表的
    C. 第一次用大量事实和系统的理论论证了生物进化的规律
    D. 观察到了许多自然界物种变化现象

3. 下面哪种观点不符合达尔文的生物进化理论(　　)。
    A. 生物最初是从非生物发展而来的
    B. 现代生存的各种生物有着共同的祖先
    C. 生物由低级到高级,从简单到复杂,种类由少到多
    D. 万物生灵都是由神创造的

4. 这篇文章主要介绍(　　)。
    A. 达尔文的环球航行
    B. 19世纪前期英国农牧业育种工作的发展
    C. 人类对生命起源的认识
    D. 达尔文的生物进化论

三、根据文章内容,判别正误。

1. 达尔文相信包括人在内的万物生灵,都是由神创造的。　(　　)
2. 农牧业育种工作的发展使人们对物种不变论有了怀疑。　(　　)
3. 达尔文发现犰狳是一种古代动物的化石。　(　　)
4. 现代生存的各种生物有着共同的祖先。　(　　)

四、根据课文内容,回答问题。

  1. 在达尔文提出生物进化论之前,人们认为生命从何而来?

  2. 在你们国家的神话传说或宗教中,人们认为是谁创造了生命?

  3. 生物是如何发展而来的?

  4. 生物进化的主导力量是什么?

第三课

现代人类的起源

　　古生物学家通过对古生物化石①的研究,将人类脱离古猿②后的发展历史分为三个阶段:

　　第一是猿人阶段。约始于距今200万—300万年以前,这时的猿人会制作一些粗糙的石器,脑量大约在630毫升—700毫升,会狩猎。晚期猿人化石发现较多,中国发现的元谋人、蓝田人、北京猿人(周口店),以及在坦桑尼亚发现的利基猿人,都是这个时期的化石代表。这时的猿人已很接近现代人,打制的石器也比较多样化。最有意义的是,此时的猿人已经懂得了使用火,并知道如何长期保存火种。猿人阶段一般认为到大约30万年前结束。

　　第二阶段是古人阶段,或称早期智人阶段。生活于大约20万—5万年前。中国已经发现的马坝人(广东)、资阳人(湖北)、丁村人(山西)都是这一时期的化石代表。古人的特征是脑量进一步增大,已经达到现代人的水平,脑结构比猿人复杂得多,其打制的石器也比猿人规整,能人工生火,开始有埋葬的习俗,并且不再赤身裸体。在世界不同地方,古人的体质也开始了分化,出现明显差异。

　　第三为新人阶段,又称晚期智人阶段。始于大约5万年前,新人化石在体态上与现代人几乎没什么区别,其打制的石器相当精致,器形多样,各种石器在使用上已有分工,并且出现了骨器和角器。新人甚至会制造装饰品,进行绘画、雕刻等艺术活动。大约在四万年前,出现了磨制石器。新人又称克鲁马努人,这是因为1868年在法国西南部克鲁马努地区的山洞里发现了5具骨架,这些骨架与现代人已经很难区分,但比现代人高大。据分析,其生存年代大约在3.1万—4万年以前,被认为是新人的化石代表。中国发现的柳江人(广西)、山顶洞人(北京)化石也属于这个时期的代表。

　　此后,人类便进入了现代人的发展阶段。

(选编自李卫东:《人类曾经被毁灭》,北京:九州图书出版社,1998年版)

注释

① 化石(huàshí, fossil)生活在遥远过去的生物遗体或遗迹变成的石头。
② 古猿(gǔyuán, anthropoid)：人和猿的共同祖先。

练 习

一、下面每个句子都有一个画线的词语，A、B、C、D 四个答案是对这一画线的词语的不同解释，请根据课文内容选择最接近该词语的一种解释。

1. 这时的猿人会制作一些<u>粗糙</u>的石器。
   A. 粗犷　　　B. 粗心　　　C. 不精致　　　D. 不简单

2. 猿人脑量大约在 630—700 毫升，会<u>狩猎</u>。
   A. 捕猎　　　B. 捕捉　　　C. 打扫　　　D. 挖掘

3. 这时的猿人已很接近现代人，<u>打制</u>的石器也比较多样化。
   A. 敲打制作　B. 机器制作　C. 打算制造　D. 打扰制造

4. 此时的猿人已经懂得了使用火，并知道如何长期<u>保存</u>火种。
   A. 保密　　　B. 保卫　　　C. 存留　　　D. 存在

5. 其打制的石器也比猿人<u>规整</u>。
   A. 整体　　　B. 整齐　　　C. 整洁　　　D. 整理

6. 这些骨架与现代人已经很难<u>区分</u>。
   A. 分工　　　B. 分别　　　C. 分开　　　D. 区别

二、下面每个问题都有 A、B、C、D 四个答案,请根据课文内容选择唯一恰当的答案。

1. 古生物学家将人类脱离古猿后的发展历史分为三个阶段,根据的是(　　)。
   A. 他们采集的人体、动植物标本
   B. 对古生物化石的研究
   C. 观察自然界物种变化的现象
   D. 达尔文进化论的观点

2. 猿人阶段的人类能做到的最有意义的事是(　　)。
   A. 会制作一些粗糙的石器
   B. 脑量大约在 630—700 毫升,会狩猎
   C. 懂得了使用火,并知道如何长期保存火种
   D. 打制的石器比较多样化

3. 下列哪一项不合乎古人的特征?(　　)
   A. 脑量进一步增大,已经达到现代人的水平
   B. 脑结构比猿人复杂得多,其打制的石器也比猿人规整
   C. 能人工生火,开始有埋葬的习俗,但仍赤身裸体
   D. 体质也开始了分化,出现明显差异

4. 这篇文章主要介绍(　　)。
   A. 达尔文的生物进化学说
   B. 古代智人的文明与发展经历
   C. 古生物学家对古生物化石的认识
   D. 人类脱离古猿后的三个历史发展阶段

三、根据课文内容,判别正误。

1. 古生物学家认为猿人已很接近现代人了。　　　　　　　　　(　　)
2. 生活于大约 20 万—5 万年前的早期智人已不再赤身裸体。　(　　)
3. 大约 5 万年前的晚期智人开始学会人工生火。　　　　　　(　　)
4. 克鲁马努人比现代人高大。　　　　　　　　　　　　　　(　　)

四、根据课文内容,回答问题。

1. 从古猿到现代人,人类的发展经历了几个阶段?
2. 人类在什么阶段懂得使用火并知道了如何长期保持火种?
3. 早期智人和晚期智人有什么区别?
4. 元谋人、蓝田人和山顶洞人是同一时期的吗?

第四课

"外星人"之谜

迄今为止,我们只知道人类是宇宙中有智慧的物种。那么,宇宙中还有没有其他智慧生命呢?这个所谓"外星人"的问题,一直困扰着中外科学家。

要合理地解释这个问题,只能立足于人类迄今对生命,特别是智慧生命存在条件的认识和对天文学研究的结论之上,而不能靠神话、传说或幻想。

由于人类居住在地球上,太阳又是哺育生命成长的根本动力,所以寻找智慧生命就归结为寻找类似太阳这样的恒星[①]和围绕这种恒星运转的类似地球这样的行星[②]存在的可能性。又因为我们对河外星系了解得太少,为了慎重起见,科学家们把目光集中到了太阳系所在的银河系身上。

如果恒星太大,寿命就会比较短;如果恒星太小,则在其行星上很难形成生态圈。恒星表面温度太高,稳定性就差;表面温度太低,又难以给行星提供足够能量。只有质量[③]在0.33—1.4个太阳质量,表面温度适中的恒星,即太阳型恒星系统才可能孕育生命。银河系中这类恒星大约占四分之一左右。

如果一颗恒星是太阳型的,它还得满足其他条件才能充当生命的摇篮。

首先,在银河系中,大约有不到60%的太阳型恒星是与其他小恒星成双成对出现的,才有一定可能性出现生态圈。这样看来,太阳型恒星中拥有生态圈的又只占三分之二。

其次,孕育生命的前提之一是恒星系统中必须含有碳、氧、氮、硫[④]这样一些"生命元素",而含有这样丰富元素的只能是处在银河系外围,在具备有用的生态圈的太阳型恒星中,只有10%是这样的恒星。

第三,如果恒星的条件满足了上述要求,甚至有一个恒星和太阳的物理化学状况一模一样,也只有二分之一的概率存在一颗依偎着它的行星。

第四,有了一颗行星,还必须质量足够大(0.4倍地球质量以上)才能维系一个稳定的大气层;行星轨道的偏心率[⑤]又必须足够小才能使一年的气温变动较小以保证生命承受得住;行星上不能没有陆地,也不能陆地太少,以使生命有进化之大地,行星年龄要有四五十亿年以使生命有进化的时间等等。

这样一个套一个先决条件排下来,银河系中符合这些要求的恒星系统不足全部恒星的1%,那么银河系中可能拥有智慧生命的行星大约在3.9亿到10亿个。

但是,哲学家们对这种估算提出了一个致命的问题:上述根据太阳——地球——生命——人类的推理均建立在人类中心主义的前提下,难道人类是智慧生命的唯一形式?以完全不同的化学元素和完全不同的生理结构组成的"生命"和有自我意识能力的物种难道就不存在?

科学家们对这个问题的回答多数是否定的。

(选编自网络小说《克隆地球》,作者:文才)

注 释

① 恒星(héngxīng,fixed star):自身能发出光和热的星体。以前认为这些星体的位置是固定不变的,所以叫恒星。

② 行星(xíngxīng,planet):太阳系中除了彗星、流星或卫星以外绕太阳转动的天体。

③ 质量(zhìliàng,mass):物体中所含物质的量,所用单位和重量的单位相同,用千克等表示。

④ 碳(tàn,carbon):一种非金属元素,符号 C。
氧(yǎng,oxygen):化学元素,符号 O。
氮(dàn,nitrogen):化学元素,符号 N。
硫(liú,sulphur):化学元素,符号 S。

⑤ 偏心率(piānxīnlǜ,eccentricity):星体旋转时因受力不均匀而改变旋转方向或位置。

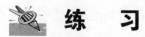

练习

一、下面每个句子都有一个画线的词语,A、B、C、D 四个答案是对这一画线的词语的不同解释,请根据课文内容选择最接近该词语的一种解释。

1. 这个所谓"外星人"的问题,一直<u>困扰</u>着中外科学家。
   A. 困惑并打扰　　　　　　B. 困难并扰乱
   C. 使处于困境而难以摆脱　　D. 困守并烦扰

2. 为了<u>慎重</u>起见,科学家们把目光集中到了太阳系所在的银河系身上。
   A. 谨慎　　B. 小心　　C. 重要　　D. 重视

3. 只有质量在 0.33—1.4 个太阳质量,表面温度<u>适中</u>的恒星,即太阳型恒星系统才可能孕育生命。
   A. 适当　　B. 适合　　C. 中等　　D. 适宜

4. 如果一颗恒星是太阳型的,它还得满足其他条件才能充当生命的<u>摇篮</u>。
   A. 婴儿床　　B. 小篮子　　C. 发源地　　D. 活动床

5. 也只有二分之一的概率存在一颗<u>依偎</u>着它的行星。
   A. 依靠　　B. 紧靠　　C. 依顺　　D. 依赖

6. 哲学家们对这种<u>估算</u>提出了一个致命的问题。
   A. 盘算　　B. 估价　　C. 计算　　D. 推算

二、下面每个问题都有 A、B、C、D 四个答案,请根据课文内容选择唯一恰当的答案。

1. 科学家们把寻找智慧生命的目光集中到太阳系所在的银河系身上,原因是(　　)。
   A. 科学家对银河系的了解比其他河外星系了解得多
   B. 太阳型恒星中有很多含有碳、氧、氮、硫等"生命元素"的恒星。

C. 太阳是哺育生命成长的根本动力

D. 太阳离地球最近

2. 与太阳型恒星系统可能孕育生命无关的条件是(　　)。

　　A. 恒星的大小　　　　　　B. 恒星表面温度

　　C. 恒星的质量　　　　　　D. 恒星的数量

3. 行星充当生命摇篮不必满足的条件是(　　)。

　　A. 必须有一颗依偎着它的恒星

　　B. 必须有陆地

　　C. 质量必须足够大

　　D. 轨道的偏心率必须足够大

4. 人类探寻"外星人"的目的是(　　)。

　　A. 证明人类是宇宙中唯一的智慧生命

　　B. 寻找其他适合人类生活居住的星球

　　C. 想知道宇宙中有无其他智慧生命

　　D. 解除中外科学家的困扰

三、根据课文内容，判别正误。

1. 迄今为止，我们只知道人类是宇宙中有智慧的物种。　　（　　）

2. 有一个恒星和太阳的物理化学状况一模一样。　　　　（　　）

3. 根据太阳——地球——生命——人类的推理均建立在人类中心主义的前提下。　　　　　　　　　　　　　　　　　　　　　　（　　）

4. 所谓"外星人"，只是人们的猜想，根本不存在。　　　　（　　）

四、根据课文内容，回答问题。

1. 科学家们为什么把寻找"外星人"的目光集中到了太阳系所在的银河系身上？

2. 什么样的恒星可能孕育生命？

3. 什么样的行星适合生命进化？

4. 哲学家们如何看待"外星人"问题？

第六单元
健　康

第一课

笑可治病，哭能排毒

当你遇到非常高兴的事情时，就会兴奋得大笑起来；而当你难过时，就会控制不住地流下眼泪。哭和笑难道仅仅是为了表达感情吗？

笑不仅能表达感情，它还有不可估量的其他作用：一次开怀的笑，就相当于一次适度的体育锻炼。"笑一笑，十年少"这句俗语人人皆知，都知道笑有益身心健康。为了健康和丰富自己的精神生活，人们经常去听听相声，看看小品，人际交谈沟通时也常常面带微笑。

笑、大笑对身体的好处很多，甚至可以治病。古今中外，很多医生用笑的方式治好病人。据说，英国的著名化学家法拉第由于长期的紧张工作，身心疲惫，经常头痛失眠。于是医生让他常去看一些喜剧，过了不久健康状况果然明显好转。

印度医生卡塔拉开俱乐部教人大笑治病。这个医生被称为"欢乐大师"，他原在印度行医多年，在1995年时进行一项"笑是最佳药方"的研究报告时发现，大笑对身体有多种好处，于是开设俱乐部教人大笑治病，推广"欢笑疗法"，结果大受欢迎。他提出，每天大笑20分钟，能减少病痛，有助睡眠。在他的积极推动下，目前印度已设有600个欢笑俱乐部，在美国、英国、意大利、德国、瑞典、丹麦、挪威、瑞士及新加坡等地亦开设了二百多个欢笑俱乐部。

而哭通常被认为是情感脆弱、意志不坚强的表现。其实这种观点是错误的，哭同样对人体健康有益处。

哭泣可以将因悲伤而产生的皮质激素①和催乳素等对人体有害的物质随眼泪排出体外。遇到悲伤的事能哭泣流泪的人比独自生闷气、把悲伤埋在心里的人，得高血压，胃溃疡等疾病的概率低得多。

理论和实践都说明，每当一个人遇到悲伤、烦恼、忧虑、不开心、情绪低落时，能够及时、适度地予以宣泄，可以有效地减少对于身心的危害。哭泣也是一种排毒方式。

美国生物学家威廉·弗雷通过研究分析发现，悲痛的眼泪与因风沙入眼所致的眼泪的化学成分是完全不同的,他还认为,男性胃溃疡患者多于女性,可能是男性"男儿有泪不轻弹"的社会心理影响,强制自己不哭所致。哭泣也是为了"让自己好受",这与中医"疏泄"②的主张是相吻合的。悲伤使大脑分泌有害激素,眼泪则充当垃圾清运工。此外,欢乐、兴奋、激动的泪水能促进全身的血液循环,并能调动整个人的激情。

所以,在悲伤的时候,不妨痛痛快快地哭一场,哭泣之后,对健康反而有好处。

(选编自《羊城晚报》,作者：翟润华、翟元星)

注 释

① 激素(jīsù,hormone)：一种内分泌物质,由血液分布到全身,对机体的代谢、生长、发育和繁殖等起调节作用。

② 疏泄(shūxiè,catharsis)：中医治疗方法,通过疏通、疏导,使病人发泄不良情绪。

练 习

一、下面每个句子都有一个画线的词语,A、B、C、D四个答案是对这一画线的词语的不同解释,请根据课文内容选择最接近该词语的一种解释。

1. 笑不仅能表达感情,它还有不可<u>估量</u>的其他作用。
    A. 估计　　　B. 估算　　　C. 剂量　　　D. 衡量

2. 英国的著名化学家法拉第由于长期的紧张工作,身心<u>疲惫</u>,经常头痛失眠。
    A. 疲劳　　　B. 疲乏　　　C. 疲倦　　　D. 疲软

3. 遇到悲伤的事能哭泣流泪的人比独自生闷气、把悲伤埋在心里的人，得高血压，胃溃疡等疾病的概率低得多。
   A. 机会　　　B. 几率　　　C. 机遇　　　D. 效率

4. 能够及时、适度地予以宣泄可以有效地减少对于身心的危害。
   A. 排泄　　　B. 舒散　　　C. 泄漏　　　D. 泄气

5. 哭泣也是为了"让自己好受"，这与中医"疏泄"的主张是相吻合的。
   A. 符合　　　B. 结合　　　C. 联合　　　D. 巧合

6. 所以，在悲伤的时候，不妨痛痛快快地哭一场，哭泣之后，对健康反而有好处。
   A. 不该　　　B. 不免　　　C. 不必　　　D. 可以

二、下面每个问题都有A、B、C、D四个答案，请根据课文内容选择唯一恰当的答案。

1. 人们经常去听相声，看小品，是因为（　　　）。
   A. 笑不仅能表达感情，它还有不可估量的其他作用
   B. 要让自己身体健康，丰富精神生活
   C. "笑一笑，十年少"这句俗语几乎人人皆知
   D. 相声、小品很可笑

2. 印度医生卡塔拉开欢笑俱乐部的原因是（　　　）。
   A. 大笑对身体有多种好处
   B. 可以被称为"欢乐大师"
   C. 印度已设有600个欢笑俱乐部
   D. 美英等地开设了二百多个欢笑俱乐部

3. 哭同样对人体健康有益处，这是因为（　　　）。
   A. 哭是情感脆弱、意志不坚强的表现
   B. 遇到悲伤的事哭泣流泪的人得高血压，胃溃疡的多
   C. 哭泣可以将因悲伤而产生的对人体有害的物质随眼泪排出体外
   D. 独自生闷气、把悲伤埋在心里的人是错误的

4. 中国传统医学认为( )。

    A. 悲痛的眼泪与因风沙入眼所致眼泪的化学成分是完全不同的

    B. 哭泣是人们"疏泄"的一种方式,对身体有益

    C. 哭是情感脆弱的表现,应当控制

    D. 悲伤使大脑分泌有害激素,应该抑制

三、根据课文内容,判别正误。

1. 每天大笑20分钟,能减少病痛,有助睡眠。( )
2. 英国的著名化学家法拉第让医生常去看一些喜剧。( )
3. 欢乐、兴奋、激动的泪水能促进全身的血液循环。( )
4. 男性胃溃疡患者多于女性,可能是"男儿有泪不轻弹"所致。( )

四、根据课文内容,回答问题。

1. 听相声、看小品有什么好处?
2. 经常独自生闷气、把悲伤埋在心里好不好?怎样改变这种状况呢?
3. 你怎样看"男儿有泪不轻弹"?
4. 哭泣对人体健康有何益处?

第二课　肢体比表情更直接反应恐惧感

科学家过去一直认为，人类主要通过面部表情交流情感，但是最近一项研究表明，身体姿势与面部表情一样在情感交流中起着重要作用，人对恐惧姿态的直接反应可能比先前所认为的要自觉和强烈得多。

研究显示，恐惧感影响着大脑的情绪部分。因为在大脑中控制情绪与行动的神经之间的联系比控制视觉和行动的神经之间的联系要紧密得多，因此，恐惧的身体姿势可能让观察者更自觉地产生恐惧反应。

这项研究的领导者德格尔说："当我们在讨论人类的交流方式时，我们总是将这些方式说成某种语言，就像在动物世界中，我们也是通过我们的身体语言进行交流，而不是意识与头脑。"

迄今，大多数有关情绪的调查研究都集中于由面部表情这种静像认识所产生的大脑活动中。德格尔和同事为了自己的研究，特意设置了一个情景：让参与者在不知情的情况下打开门，突然发现一位身带武器的抢劫者出现在自己面前，研究者用录像带记录了这18位活动参与者的情绪表现。

因为以前的研究都是使用静像，科学家为了进行比较，也决定使用从录像带中拍到的一些静像，但是这些图像只显示了活动参与者的身体部分，而将其面部遮盖起来，然后让接受调查的人对照片进行观察，同时使用核磁共振成像①技术来研究这些人的大脑变化。实验发现，人们看到高兴和中性的图像时，只有处理图像的大脑区域做出反应；在看到照片上人的恐惧姿势时，人脑中处理图像、情绪和运动神经的部分都会做出反应。

德格尔说："对于恐惧图像，人类大脑会做出一系列迅速的反应。"

这个研究结果也许有助于解决恐惧传播的问题。心理学教授弗朗斯表示，这种恐惧传染在动物世界中可以很容易观察到。他说："一群鸟在地面搜寻食物，如果其中一只突然飞起来，其他鸟甚至不知道是怎么回事也会立即随之飞起，因为落在最后的很可能会成为其他动物的食物。"

实验还表明，当发生火灾时，即使远处的人看不到灾情也会马上警觉起来,这就是人们所说的情绪具有传染性。当你看到某个人的恐惧姿态时,控制情绪的大脑区域会马上发出指示,让自己的身体预先做出某种姿态,这种反应会以极快的速度感染整个人群。

但是,德格尔说,与动物相比,作为高级动物的人类常会因为思考如何应对而减慢反应速度。在这方面,人要比动物逊色得多。

这些研究将来也许可以帮助科学家诊断精神疾病,如孤独症和精神分裂症等。它还可以用于机器人伴侣,对病人通过"情感运动"进行治疗。

(选编自新浪网科技频道)

注 释

① 核磁共振成像(hécí gòngzhèn chéngxiàng,MRI):一种医疗检查技术,可以测定有机物的结构,常用于辅助诊断脑部疾病、血管病、肿瘤等。

练 习

一、下面每个句子都有一个画线的词语,A、B、C、D四个答案是对这一画线的词语的不同解释,请根据课文内容选择最接近该词语的一种解释。

1. 人对恐惧姿态的直接反应可能比先前所认为的要自觉和强烈得多。
   A. 先驱　　　B. 前面　　　C. 以前　　　D. 前来

2. 在大脑中控制情绪与行动的神经之间的联系比控制视觉和行动的神经之间的联系要紧密得多。
   A. 指控　　　B. 把握　　　C. 操纵　　　D. 操作

3. 让参与者在不知情的情况下打开门。
   A. 参加　　　B. 参见　　　C. 参考　　　D. 参观

4. 控制情绪的大脑区域会马上发出指示，让自己的身体<u>预先</u>作出某种姿态。

    A. 提前   B. 预计   C. 预习   D. 先进

5. 与动物相比，作为高级动物的人类常会因为思考如何<u>应对</u>而减慢反应速度。

    A. 应当   B. 应付   C. 应该   D. 对照

6. 在这方面，人比动物要<u>逊色</u>得多。

    A. 减色   B. 差别   C. 增色   D. 差劲

二、下面每个问题都有 A、B、C、D 四个答案，请根据课文内容选择唯一恰当的答案。

1. 对于恐惧图像，人类大脑会做出一系列迅速的反应，因为（   ）。

    A. 人类主要通过面部表情交流情感

    B. 身体姿势与面部表情一样在情感交流中起着重要作用

    C. 控制情绪与行动的神经之间的联系比控制视觉和行动的神经之间的联系要紧密得多

    D. 对恐惧图像的反应人比动物要强烈得多

2. 德格尔的研究结果意义在于（   ）。

    A. 认识到人对恐惧姿态的直接反应可能比先前所认为的要自觉和强烈的多。

    B. 容易观察到这种恐惧传染在动物世界中的情况

    C. 解释落在最后的小鸟很可能会成为其他动物的食物

    D. 有助于解决恐惧传播的问题

3. 当发生火灾时，即使远处的人看不到灾情也会马上警觉起来，因为（   ）。

    A. 火灾很有可能蔓延开来

    B. 恐惧情绪具有传染性

    C. 控制情绪的大脑区域会马上发出指示

    D. 这种反应会以极快的速度感染整个人群

4. 本文主要说明(　　)。

　　A. 人类主要通过面部表情交流情感

　　B. 身体姿势在情感交流中起重要作用

　　C. 如何解决恐惧传播的问题

　　D. 与动物相比人类对恐惧的反应慢得多

三、根据课文内容,判别正误。

1. 人类主要通过面部表情交流情感。　　　　　　　　　　(　　)
2. 身体姿势与面部表情一样在情感交流中起着重要作用。　(　　)
3. 看到照片上人的恐惧姿势时,人脑中处理图像、情绪和运动神经的部分都会做出反应。　　　　　　　　　　　　　　　　　　　(　　)
4. 恐惧传染在动物世界中可以很容易观察到。　　　　　　(　　)

四、根据课文内容,回答问题。

1. 对于恐惧图像,人类大脑会做出怎样的迅速反应?
2. 对人脑的这些研究将来也许可以帮助科学家做怎样的诊断?
3. 在哪个方面人比动物要逊色得多?
4. 哪些例证说明身体姿势在情感交流中起着重要作用?

第三课

吃快餐①，请你悠着②点

现在人们形成了快节奏的生活旋律，应运而生的快餐店、快餐食品和方便食品以它方便、快捷、省时、省力走进了都市人的生活。

快餐食品和方便食品可以归为以下三类：

1. 主餐类：包括各种方便面、汉堡包、速冻食品及炸鸡块、火腿肠等。
2. 饮料类：包括啤酒、汽水、可乐、果汁等。
3. 小吃类：包括炸薯条、冰激凌及其他油炸、膨化食物等。

主餐食物多以高热量高蛋白为主要特点，后两种则以高糖高盐多味精为主，纤维素、维生素、矿物质含量极低，长期食用对青年人有害无利，对儿童更是后患无穷。

高热量的油炸食品脂肪含量很高。脂肪无疑是人体必需的营养素，它可以供给人体部分热量和必需的脂肪酸，但人体所需的脂肪并不多，以一个7岁的孩子为例，每天30克便已足够，成人一天也仅需要50克脂肪，但快餐食品几乎以脂肪含量丰富为主要特点。一包炸薯条、一个双层汉堡包，可提供的脂肪达59克，远远超过一个成人的全天所需。进食这类食物，除了摄入过量的脂肪外，消化器官、肾脏的负担加重，身体易处于缺水状态，引发多种疾病。儿童期脂肪、蛋白质摄入过盛，与成年后的肥胖和慢性心脏病的发生亦有密切关系。所以过多的脂肪对儿童更为不利。

不知从何时起，可乐、果汁、汽水已成为快餐中的一员，城市里的儿童、学生似乎忘了白开水的味道。这些饮品大都加入了大量的香精、糖和人造色素，长期饮用最明显的是引起肠胃不适、消化欠佳，而且糖分在身体内累积，易形成肥胖。以一瓶普通汽水为例，含糖35—38毫克，却不含其他营养，远不如一杯清水解渴和有益健康。

快餐中的小吃与市面上流行的方便零食已合为一体，油炸薯条、虾片、鸡片等油炸膨化食品，在五光十色夺目的包装下，已成为孩子们日常饮食的一部分。这些食物除了高盐、高糖、多味精外，经高温油炸后，维生素早已所剩无几,但是许多儿童对此却"情有独钟"③,不但影响正餐的胃口,而且糖、盐、味精的过多摄入,容易引起儿童的过度活跃、过胖和高血压,对健康有损无益。

均衡饮食的概念和偏食的害处,似乎人人都已熟知,各种食物进食量的多寡是关系到人类健康的大问题,营养学家已经绘制了一个平衡膳食宝塔作为各种食物摄入量的分布图,它是健康饮食的原则,是获得健康的指南:谷类食物是基础,进食量应最多;蔬菜水果为第二层,它是维生素和矿物质的主要来源;蛋、肉、奶位于第三层,供应蛋白质和脂肪,这类食物不应多于蔬果类;盐、糖、油位于顶端,摄入量应该最少。这个健康原则,无论对青少年或成人都同样重要。为了您自己,为了您的孩子,对方便食品和快餐应加以限制。

(选编自深圳新闻网)

注 释

① 快餐(kuàicān,snack):预先做好的能够迅速提供给顾客食用的饭食。
② 悠着(yōuzhe,leisurely):节制,控制着不使过度。
③ 情有独钟 (qíng yǒu dú zhōng,only have eyes for):对某个人或某件事特别有感情,把自己的心思和感情都集中到他(她、它)上面。

练 习

一、下面每个句子都有一个画线的词语,A、B、C、D四个答案是对这一画线的词语的不同解释,请根据课文内容选择最接近该词语的一种解释。

1. 主餐食物多以高热量高蛋白为主要特点,长期食用对青年人有害无利,对儿童更是后患无穷。
   A. 病患　　　B. 忧患　　　C. 祸害　　　D. 忧虑

2. 儿童期脂肪、蛋白质摄入过盛,与成年后的肥胖和慢性心脏病的发生亦有密切关系。
   A. 旺　　　　B. 强　　　　C. 多　　　　D. 大

3. 以一瓶普通汽水为例，含糖35—38毫克，却不含其他营养，远不如一杯清水解渴和有益健康。
   A. 经营　　　B. 养分　　　C. 营业　　　D. 养成

4. 快餐中的小吃与市面上流行的方便零食已合为一体。
   A. 门面　　　B. 门市　　　C. 市场　　　D. 商场

5. 糖、盐、味精的过多摄入，对健康有损无益。
   A. 损失　　　B. 损坏　　　C. 损人　　　D. 损害

6. 均衡饮食的概念和偏食的害处，似乎人人都已熟知。
   A. 熟悉地知道　　　　　B. 清楚地知道
   C. 成熟后知道　　　　　D. 早早就知道

二、下面每个问题都有A、B、C、D四个答案，请根据课文内容选择唯一恰当的答案。

1. 不是快餐食品产生的原因的选项是（　　）。
   A. 快捷　　　　　　　B. 省时
   C. 省力　　　　　　　D. 省钱

2. 快餐的主餐食物的主要特点是（　　）。
   A. 高蛋白高糖盐　　　B. 高糖盐多味精
   C. 高脂肪高热量　　　D. 高热量高蛋白

3. 夏天人们应该多喝（　　）。
   A. 果汁　　　　　　　B. 咖啡
   C. 白开水　　　　　　D. 汽水

4. 本文主要说的是（　　）。
   A. 快餐给人们带来便利
   B. 营养专家为人们绘制的平衡膳食宝塔
   C. 快餐食品很方便，人们应该要快点儿吃
   D. 尽管快餐很方便，但是吃的时候一定要注意节制

三、根据课文内容,判别正误。

    1. 长期食用快餐食品对青年人有利无害。　　　　　(　　)

    2. 快餐食品以脂肪含量丰富为主要特点。　　　　　(　　)

    3. 白开水比可乐解渴。　　　　　　　　　　　　　(　　)

    4. 各种食物摄入量的多少关系到人类健康。　　　　(　　)

四、根据课文内容,回答问题。

    1. 快餐食品和方便食品为什么受到了人们的欢迎?

    2. 快餐食品和方便食品可分成哪几类?

    3. 营养学家认为怎样吃才健康?

    4. 吃快餐,为什么要悠着点?

第四课 自我催眠：改善自我状态的心理疗法

所谓自我催眠，即自己诱导自己进入催眠状态，利用"肯定暗示"促使潜意识活动，从而达到治愈疾病、调节身心的目的。

自我催眠术方便易行，无需去看医生，随时能进行，从而备受青睐①。具体而言，自我催眠术的功效表现在以下几个方面：

首先能有效地改善自我意识。人人都想获得自己理想中的成功，而成功的先决条件是要有一个较为完善的自我感觉。心理健康，高度自信。许多经常做自我催眠的人认为，自我催眠给他们最大和最经常的帮助就是改善自我意识的状态。一些大公司的管理人员、即将面临重要考试的学生以及工作压力较大的人，常常处于高度的心理疲劳状态中，他们最大的愿望是埋头睡上三天，而事实上又不可能。这些人如果能利用工余或课间的片刻闲暇，做上一次自我催眠，那么他们的疲倦感、紧张感就会一扫而光，感到头脑清楚、耳目一新、精神振奋、心情愉快。

自我催眠还能调整自我的身体状态。生理与心理是息息相通的。生理上的疾病可能引起心理变化，而心理变化也会引起生理上的改变。通过心理活动来调节生理状态完全是可能的，特别是在催眠状态下更是如此。经由自我催眠来调节生理状态并取得良好效果的例证有许多。身体上的一些病痛，如头痛、肩酸、面部痉挛②等等，经过自我催眠，都会得到不同程度的缓解。

自我催眠不仅可使病态的身体有不同程度的康复，还能焕发巨大的身体潜能。据报道：韩国的运动员在每晚临睡之际，都要想象一番自己与主要的对手争夺时的情景，以及自己是如何战胜对手的。据说这样不仅可以增加自信心，而且还有利于体内各种能力的发展。

进行自我催眠时，最重要的是作好心理上的准备，主要是不断进行放松的暗示。这样一来，受到暗示的身体各部分，会毫无抵抗地顺着自己的意愿行事。这样不仅精神集中的程度可以增加,而且催眠的效果也更为理想。

(摘自郎启扬:《催眠术——一种奇妙的心理疗法》,
社会科学文献出版社,2005年版)

注 释

① 青睐(qīnglài,favour):受人喜爱或尊重。
② 痉挛 (jìngluán,jerk):由于反射作用而引起的无意识的抽动性肌肉运动。

练 习

一、下面每个句子都有一个画线的词语,A、B、C、D四个答案是对这一画线的词语的不同解释,请根据课文内容选择最接近该词语的一种解释。

1. 所谓自我催眠,即自己<u>诱导</u>自己进入催眠状态。
　　A. 诱惑　　　　B. 引诱　　　　C. 领导　　　　D. 引导

2. 从而达到<u>治愈</u>疾病、调节身心的目的。
　　A. 治疗　　　　B. 医治　　　　C. 诊治　　　　D. 治好

3. 自我催眠术的<u>功效</u>表现在以下几个方面。
　　A. 功夫　　　　B. 功能　　　　C. 功利　　　　D. 功劳

4. 成功的<u>先决</u>条件是要有一个较为完善的自我感觉。
　　A. 先行　　　　B. 前提　　　　C. 预先　　　　D. 预定

5. 他们最大的愿望是<u>埋头</u>睡上三天。
　　A. 低头　　　　B. 抱头　　　　C. 倒头　　　　D. 掉头

6. 身体上的一些病痛,如头痛、肩酸、面部痉挛等等,经过自我催眠,都会得到不同程度的缓解。
   A. 缓和　　　　B. 缓冲　　　　C. 了解　　　　D. 消解

二、下面每个问题都有 A、B、C、D 四个答案,请根据课文内容选择唯一恰当的答案。

1. 面临考试的学生,做上一次自我催眠就会感到(　　)。
   A. 心理疲劳加重　　　　　　B. 情绪烦躁不堪
   C. 想埋头睡上三天　　　　　D. 精神振奋

2. 通过心理活动来调节生理状态完全是可能的,原因是(　　)。
   A. 生理上的疾病可能会引起心理上的变化
   B. 生理与心理是相通的、有着密切联系的
   C. 在催眠状态下心理上的变化不会引起生理上的变化
   D. 经由自我催眠来调节生理状态并取得良好效果的例证有许多

3. 韩国运动员进行自我催眠主要是为了(　　)。
   A. 焕发出身体的巨大力量　　B. 使自己战胜一切对手
   C. 缓解身体的病痛　　　　　D. 使自己大睡三天

4. 本文主要介绍(　　)。
   A. 什么是自我催眠　　　　　B. 什么人需要自我催眠
   C. 自我催眠可以改善自我状态　D. 怎样进行自我催眠

三、根据课文内容,判别正误。

1. 自我催眠是在任何时候、任何场合都可以进行的。（　　）
2. 自我催眠的人常感到紧张、焦虑、头脑昏沉、思路不清、情绪烦躁。（　　）
3. 自我催眠术给人最大和最经常的帮助就是改善自我的状态。（　　）
4. 自我催眠可以达到缓解病痛、调节身心的目的。（　　）

四、根据课文内容,回答问题。

    1. 什么是所谓"自我催眠"?

    2. 自我催眠术备受人们的青睐的原因是什么?

    3. 自我催眠术给人们最大的帮助是什么?

    4. 哪些人更需要学会自我催眠术?

第七单元
病　毒

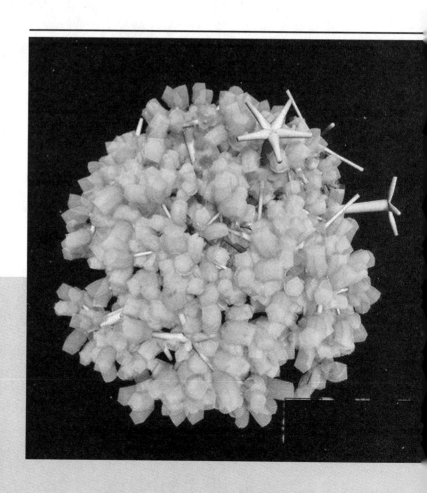

第一课

病毒①——看不见的敌人

一个世纪前,科学家相信,传播疾病的微生物是细菌。直到1939年,人们才终于看见了体积只有细菌百分之一大小的病毒。病毒的形状和大小千差万别。体积最大的病毒,直径约0.003毫米。体积最小的病毒,直径只有几千个原子叠加起来的长度,但这么小的病毒却能使人严重感冒好几天。

病毒虽小但威力大。20世纪50年代,当DNA和RNA在复制生命的基本过程中所起的作用被发现后不久,病毒引起疾病的秘密被揭示出来。一个健康细胞的细胞核中携带着遗传物质——基因,病毒攻击的目标正是这些基因。病毒将自己的DNA注入细胞基因中,使它们复制更多的病毒。病毒是一种寄生生物,离开它寄生的生物体后不能独立生存。这使得它们大多数非常脆弱:即使是引起艾滋病的HIV病毒,在空气中暴露数小时后也会失去活力。基本上所有的病毒都可以用家用的漂白剂杀灭。

病毒在人体内遇到的最大敌人是免疫系统。淋巴细胞(即白细胞)在人体内不断巡视,并随时消灭入侵物质。这些淋巴细胞使用的是比科学家发明的任何物质都更有效的生化物质,它们在发现了含有病毒的细胞时便会将这些细胞杀死——这常常能使人体完全康复。

人类在对付病毒过程中取得的最大胜利是懂得了接种疫苗。在遭遇病毒大规模袭击前,给人体注入小剂量的病毒或病毒的蛋白壳体,可使人体免疫系统获得抗体②,避免遭受更大的伤害。这种方法已经挽救了几百万人的生命——并且于1980年在全球消灭了天花,这是人类首次消灭一种病毒性疾病。

但人类与病毒的斗争远未结束。病毒的遗传结构简单,这便意味着它们能迅速变异③。引起普通感冒的病毒通过不断改变蛋白壳体,使人类的免疫系统每次都需要对它们进行重新确认,从而赢得了时间得以在人群中传播。正是这种天性使得人类消灭普通感冒病毒的努力一直不能成功。一些病毒还进化出一种特殊能力,它们能在侵入细胞时不会引起任何症状——悄悄地不为人所知地传播。HIV病毒便是这样一种病毒,感染了这种病毒的人每50人中约有1人死亡。

一些病毒通过侵入新的物种而得以大量繁殖。流感病毒便与禽类和猪身上的病毒有关;而艾滋病被认为是狩猎引起的,因为HIV病毒被认为是生活在非洲中西部的黑猩猩所携带的病毒的一种变体;非典(SARS)病毒则与果子狸身上的冠状病毒有关。

(选编自新华网)

注 释

① 病毒(bìngdú,virus):一种比病菌更小的病原感染体,具有遗传、变异、共生和干扰等生命现象,在一定的活细胞内增殖,造成死亡或损害。

② 抗体(kàngtǐ,antibody):机体在抗原物质刺激下,所产生的可与相应抗原发生特异性结合反应的免疫球蛋白,对人或动物体有保护作用。

③ 变异(biànyì,heteromorphosis;variation):生物学名词。同种生物世代之间或同代生物不同个体之间的差异。

练 习

一、下面每个句子都有一个画线的词语,A、B、C、D四个答案是对这一画线的词语的不同解释,请根据课文内容选择最接近该词语的一种解释。

1. 一个世纪前,科学家相信,<u>传播</u>疾病的微生物是细菌。

　　A. 传达　　　　B. 传递　　　　C. 散播　　　　D. 广播

2. 病毒虽小但<u>威力</u>大。

　　A. 权力　　　　B. 威风　　　　C. 力量　　　　D. 动力

3. 病毒将自己的DNA<u>注入</u>细胞基因中。

　　A. 收入　　　　B. 装入　　　　C. 射入　　　　D. 加入

4. 即使是引起艾滋病的 HIV 病毒,在空气中暴露数小时后也会失去活力。
   A. 活泼　　　B. 活动　　　C. 活性　　　D. 活跃

5. 从而赢得了时间得以在人群中传播。
   A. 获得　　　B. 夺得　　　C. 赢家　　　D. 输赢

6. 淋巴细胞(即白细胞)在人体内不断巡视,并随时消灭入侵物质。
   A. 巡查　　　B. 巡回　　　C. 近视　　　D. 远视

二、下面每个问题都有 A、B、C、D 四个答案,请根据课文内容选择唯一恰当的答案。

1. 传播疾病的微生物不是(　　)。
   A. 细菌　　　　　　　　B. 淋巴细胞
   C. 病毒　　　　　　　　D. 寄生生物

2. 迄今为止人类在对付病毒过程中取得的最大胜利是(　　)。
   A. 杀死了带病毒的细胞　　B. 使人体获得了免疫抗体
   C. 在全球范围内消灭了天花　D. 消灭了病毒性疾病

3. 普通感冒病毒一直未被消灭,原因是(　　)。
   A. 感冒病毒变异迅速
   B. 感冒病毒进化能力很强
   C. 感冒病毒能悄悄地不为宿主所知地传播
   D. 感冒病毒繁殖能力很强

4. 与生活在非洲中西部的黑猩猩有关系的病毒是(　　)。
   A. 流感病毒　　　　　　B. 禽流感病毒
   C. 艾滋病病毒　　　　　D. 非典病毒

三、根据课文内容,判别正误。

1. 传播疾病的微生物就是细菌。　　　　　　　　　　（　　）
2. 人类在对付病毒过程中取得的最大胜利是消灭了天花病毒。（　　）
3. 感染了 HIV 病毒的人每 50 人中约有 1 人死亡。　　（　　）
4. 基本上所有的病毒都可以用家用的漂白剂杀灭。　　（　　）

四、根据课文内容,回答问题。

1. 病毒有什么特点？
2. 病毒怎样攻击自己的目标？
3. 在遭遇病毒的大规模袭击前,为什么要有意给人体注入小剂量的病毒？
4. 艾滋病最初是由于什么引起的？

第二课

百年禽流感①回眸②

1878年,禽流感在意大利的首次爆发使人们开始认识了这种极具杀伤力的传染病。此后,禽流感病毒不断侵袭整个世界。特别是从20世纪90年代后期起,禽流感在欧亚大陆的爆发日趋频繁。这种病毒的肆虐不但给许多国家的家禽养殖业带来了沉重打击,同时也向人类的健康提出了严峻挑战。

1997年,中国香港的一个养鸡场出现了这一区域首例禽流感病例。在随后的几个月里,禽流感病毒迅速扩散,大批感染了该病毒的家鸡死亡。经专家认定,导致香港特区家禽大规模死亡的罪魁祸首③正是H5N1型禽流感病毒。然而,令专家难以置信的是,这种原来只威胁家禽生命的病毒出现了新的变异,能够传染给哺乳动物甚至是人类了。1997年8月,香港一名3岁男童因感染禽流感而死亡。这也是全球首宗人类感染H5N1的个案。

2003年3月,一场突如其来的禽流感袭击了荷兰。荷兰东部靠近德国边界的6个农场中发现了H7N7型禽流感病毒。为了防止疫情④向欧洲其他国家蔓延,欧盟宣布全面禁止荷兰活禽及其蛋品出口。禽流感给世界上最大的家禽出口国之一的荷兰带来沉重的打击。在短短几周内,共有900个农场内的1400万只家禽被隔离,1800多万只病鸡被宰杀。而且,在疫情爆发期间,共有80人感染了禽流感病毒,其中一名荷兰兽医在对病鸡进行检验时感染病毒,死于禽流感引起的肺炎并发症⑤。此后,H7N7型禽流感在整个欧洲蔓延开来,与荷兰毗邻的比利时和德国均出现了禽流感病毒感染病例。

从2005年9月起,继罗马尼亚出现禽流感疫情后,俄罗斯、土耳其、希腊等国相继出现禽流感疫情。目前,世界很多国家尤其是欧洲国家如临大敌,采取各种紧急措施防治禽流感,一时间人心惶惶⑥。

在我国,从2005年10月内蒙古发生禽流感以来,安徽、湖南、辽宁也出现了禽流感疫情。这是迄今世界上禽流感传播范围最广的一次。

(选编自《青年科学》2006年第2期,作者:丁海霞)

注 释

① 禽流感（qínliúgǎn，bird flu）：由流感病毒引起的禽类急性传染病，死亡率高。
② 回眸（huímóu，look back）：回过头看。
③ 罪魁祸首（zuìkuíhuòshǒu，chief criminal）：犯罪的首要分子。
④ 疫情（yìqíng，epidemic situation）：传染病的发生和蔓延。
⑤ 并发症（bìngfāzhèng，complication）：也称合并症。由正在患的一种疾病引起另一种疾病，后者即为前者的并发症。
⑥ 人心惶惶（rénxīn huánghuáng，fear）：人们内心惊恐不安。

练 习

一、下面每个句子都有一个画线的词语，A、B、C、D四个答案是对这一画线的词语的不同解释，请根据课文内容选择最接近该词语的一种解释。

1. 百年禽流感<u>回眸</u>。
   A. 回答　　　B. 回顾　　　C. 回味　　　D. 回想

2. <u>继</u>罗马尼亚出现禽流感疫情后，俄罗斯、土耳其、希腊等国相继出现禽流感疫情。
   A. 离开　　　B. 自从　　　C. 跟随　　　D. 开始

3. 经专家<u>认定</u>，导致香港特区家禽大规模死亡的罪魁祸首正是H5N1型禽流感病毒。
   A. 认得　　　B. 认为　　　C. 确定　　　D. 决定

4. 这也是全球首<u>宗</u>人类感染H5N1的个案。
   A. 朵　　　　B. 件　　　　C. 张　　　　D. 本

5. 与荷兰毗邻的比利时和德国均出现了禽流感病毒感染病例。
    A. 邻接   B. 邻居   C. 比赛   D. 比较

6. 世界很多国家尤其是欧洲国家如临大敌。
    A. 临时   B. 面临   C. 光临   D. 临别

二、下面每个问题都有 A、B、C、D 四个答案，请根据课文内容选择唯一恰当的答案。

1. 在香港禽流感病爆发过程中发生的令专家难以置信的事实是(   )。
    A. 禽流感病毒迅速扩散，大批感染了该病毒的家鸡死亡
    B. 导致香港特区家禽大规模死亡的并不是 H5N1 型禽流感病毒
    C. 禽流感病毒出现了新的变异并能够传染给人类
    D. 人类不会感染 H5N1 病毒

2. 一场突如其来的禽流感袭击了荷兰，时间是(   )。
    A. 2003 年 3 月   B. 1997 年 8 月
    C. 2005 年 9 月   D. 2006 年 10 月

3. 为了防止疫情向欧洲其他国家蔓延，欧盟宣布(   )。
    A. 禽流感给荷兰带来沉重打击
    B. 全面禁止荷兰活禽及其蛋品出口
    C. 宰杀 1800 多万只病鸡
    D. 隔离 1400 万只家禽

4. 本文主要介绍(   )。
    A. 禽流感对亚洲的侵袭
    B. 禽流感对欧洲的侵袭
    C. 禽流感传播范围越来越广
    D. 100 多年来禽流感没有停止对世界的侵袭

三、根据课文内容,判别正误。

  1. 1878 年,禽流感在意大利首次爆发。   ( )

  2. 20 世纪 80 年代后期起,禽流感在欧亚大陆的爆发日趋频繁。( )

  3. 导致香港特区家禽大规模死亡的罪魁祸首正是 H5N1 型禽流感病毒。

                     ( )

  4. 人虽然会感染禽流感,但不会因此而死亡。   ( )

四、根据课文内容,回答问题。

  1. 人们最初对禽流感的认识是怎样的?

  2. 禽流感病毒后来出现了怎样的变异?

  3. 禽流感给荷兰带来了怎样的后果?

  4. 为什么说禽流感是一种极具杀伤力的传染病?

第三课

计算机病毒

计算机病毒是利用计算机软件与硬件的缺陷①，由被感染机内部发出的破坏计算机数据并影响计算机正常工作的一组指令集②或程序代码③。"计算机病毒"一词最早出现在 70 年代 David Gerrold 科幻小说 When H.A.R.L.I.E. was One 中。最早的科学定义出现在 1983 年在南加州大学 Fred Cohen 的博士论文《计算机病毒实验》中。他给出的定义是"一种能把自我（或经演变的自我）注入其他程序的计算机程序"。这种特性同生物病毒类似——生物病毒就是把自己注入细胞之中传染和起作用的。

从本质上讲，它是一种人为制作的，通过非授权④入侵而隐藏在可执行程序或数据文件中的特殊计算机程序。它占用系统空间，降低计算机运行速度，甚至破坏计算机系统的程序和数据，造成极大损失。当计算机系统运行时，源病毒能把自身精确地拷贝到其他程序体内，在一定条件下，通过外界的刺激可将隐蔽的计算机病毒激活⑤，破坏计算机系统。它具有如下的特点：一有自我繁殖能力，二是具有传播性，三是具有破坏性。其中自我繁殖及传播性是病毒的最大特征。

病毒不是来源于突发或偶然的原因。一次突发的停电和偶然的错误，会在计算机的磁盘和内存中产生一些乱码和随机指令，但这些代码是无序和混乱的，病毒则是一种比较完美的、精巧严谨的代码，按照严格的秩序组织起来，与所在的系统网络环境相适应和配合起来，病毒不会通过偶然形成，并且需要有一定的长度，这个基本的长度从概率上来讲是不可能通过随机代码产生的。现在流行的病毒是由人为故意编写的，多数病毒可以找到作者和产地信息，从大量的统计分析来看，病毒作者的主要目的有：一些天才的程序员为了表现自己和证明自己的能力；出于对上司的不满；为了好奇；为了报复；为了祝贺和求爱；为了得到控制口令；为了防止软件拿不到报酬预留的陷阱等。当然也有因政治、军事、宗教、民族、专利等方面的需求而专门编写的，其中也包括一些病毒研究机构和黑客的测试病毒。

(选编自百度百科)

注 释

① 缺陷(quēxiàn,indication;defect)：欠缺;缺失;不完美。
② 指令集(zhǐlìngjí,instruction set)：又称为指令系统,是计算机体系结构设计的核心,是计算机的软件、硬件接口。
③ 程序代码(chéngxù dàimǎ,code integer)计算机名词。JASS 与 Trigger 变数对照表。
④ 授权(shòuquán,authorization)把权力委托给人或机构,代为执行。
⑤ 激活(jīhuó,activate)：刺激事物的某种因素,使其由静止转为活跃或活动。计算机常用术语,意为使新的系统开始工作。

练 习

一、下面每个句子都有一个画线的词语,A、B、C、D 四个答案是对这一画线的词语的不同解释,请根据课文内容选择最接近该词语的一种解释。

1. 一种能把自我(或经<u>演</u>变的自我)注入其他程序的计算机程序。
   A. 演出　　　B. 表演　　　C. 演化　　　D. 演示

2. 通过非授权入侵而<u>隐藏</u>在可执行程序或数据文件中的特殊计算机程序。
   A. 隐蔽　　　B. 隐居　　　C. 收藏　　　D. 藏身

3. 它具有如下的特点：一有自我<u>繁殖</u>能力,二是具有传播性,三是具有破坏性。
   A. 繁华　　　B. 繁多　　　C. 生殖　　　D. 殖民

4. 病毒则是一种比较完美的、精巧严谨的代码。

　　A. 精心　　　B. 精神　　　C. 精光　　　D. 精致

5. 病毒是按照严格的秩序组织起来的。

　　A. 轶事　　　B. 次序　　　C. 比赛　　　D. 管理

6. 为了软件防止拿不到报酬预留的陷阱。

　　A. 报答　　　B. 报复　　　C. 酬劳　　　D. 实现

二、下面每个问题都有 A、B、C、D 四个答案，请根据课文内容选择唯一恰当的答案。

1. "计算机病毒"一词最早出现在（　　）中。

　　A. 科幻小说　　　　　　　B. 博士论文
　　C. 有缺陷的计算机　　　　D. 个人使用的计算机

2. 从本质上讲，病毒是一种特殊计算机程序，它（　　）。

　　A. 是人为制作的特殊程序
　　B. 被机主安装在可执行程序或数据文件中
　　C. 很少占用系统空间，不降低计算机运行速度
　　D. 从不破坏计算机系统的程序和数据

3. 计算机病毒不具有（　　）的特点。

　　A. 自我繁殖能力　　　　　B. 传播性
　　C. 破坏性　　　　　　　　D. 防止软件拿到报酬

4. 一次突发的停电和偶然的错误，会在计算机的磁盘和内存中产生（　　）。

　　A. 一种比较完美的、精巧严谨的代码
　　B. 按照严格的秩序组织起来的病毒
　　C. 与所在的系统网络环境相适应和配合
　　D. 一些混乱无序的代码和随机指令

三、根据课文内容,判别正误。

  1. 计算机病毒最早的科学定义出现在 1983 年。 ( )
  2. 自我繁殖及传播性是计算机病毒的最大特征。 ( )
  3. 计算机病毒有可能通过停电或随机代码产生。 ( )
  4. 计算机虽然会感染病毒,但不会因此而造成损失。 ( )

四、根据课文内容,回答问题。

  1. "计算机病毒"一词是如何产生的?
  2. 计算机病毒有什么特性与生物病毒类似?
  3. 计算机病毒能给计算机带来怎样的后果?
  4. 为什么有的人故意编写计算机病毒?

第四课

手机病毒①

随着智能手机②的不断普及,手机病毒成为病毒发展的下一个目标。手机病毒是一种破坏性程序,靠软件系统中的漏洞入侵手机,和计算机病毒一样具有传染性和破坏性。手机中的软件——嵌入式操作系统相当于一个小型的智能处理器,所以会遭受病毒攻击。而且,短信也不只是简单的文字,其中包括手机铃声、图片等信息,都需要手机中的操作系统进行解释,然后显示给手机用户。手机病毒可利用发送短信、彩信,电子邮件,浏览网站,下载铃声,蓝牙等方式进行传播。可能会导致用户信息被窃、传播非法信息、用户手机死机、关机、资料被删、向外发送垃圾邮件③造成通信网络瘫痪、自动拨打或被转拨打国际电话造成使用者电话费高涨等,甚至还会损毁 SIM 卡④、芯片⑤等硬件。如今手机病毒受到计算机病毒的启发与影响,也有所谓混合式攻击的手法出现。据 IT 安全厂商 McAfee 一个调查报告,在 2006 年全球遭受过手机病毒袭击的手机用户较 2003 年上升了 5 倍。

历史上最早的手机病毒出现在 2000 年。当时,Movistar 手机公司的用户收到大量由计算机发出的名为"Timofonica"的骚扰短信,该病毒通过西班牙电信公司的移动系统向系统内的用户发送脏话等垃圾短信。事实上,该病毒最多只能被算作短信炸弹。真正意义上的手机病毒直到 2004 年 6 月才出现,那就是"Cabir"蠕虫病毒,这种病毒通过诺基亚 S60 系列手机复制,然后不断寻找安装了蓝牙⑦的手机。之后,手机病毒开始泛滥。

怎样预防手机病毒?收到乱码短信、彩信时,删除;利用无线传送功能比如蓝牙、红外接收信息时,一定不要接受陌生请求;尽量选择手机自带背景;如果从网上下载背景图片,要保证下载的安全性;不要浏览危险网站。

现在,清除手机病毒最好的方法就是删除带有病毒的短信。发现手机已经感染病毒时,应立即关机,如果死机了,则可取下电池,然后将 SIM 卡取出并插入另一型号的手机中(手机品牌最好不一样),将存于 SIM 卡中的可疑短信删除后,重新将卡插回原手机。如果仍然无法使用,则可以与手机服务商联系,最好还是找专业人士解决。

　　毕竟不是100%的人都用智能手机,而使用"古董机",即那种黑白屏幕,无法连上WAP网的手机,可以100%的放心,病毒无法感染这种手机。

(选编自百度百科)

注　释

① 手机病毒 (shǒujī bìngdú, mobile virus/ mobile worm):是一种具有传染性、破坏性的手机程序,原理与计算机病毒类似。
② 智能手机(zhìnéng shǒujī, smart phone):像电脑一样可以通过下载安装软件来拓展手机出厂基本功能的手机。
③ 垃圾邮件(lājī yóujiàn, junk mail; spam mail):凡是未经用户许可就强行发送到用户的邮箱中的任何电子邮件都可称为垃圾邮件。
④ SIM 卡(subscriber identity model):也称为智能卡、用户身份识别卡,GSM数字移动电话机必须装上此卡方能使用。
⑤ 芯片(xīnpiàn, chip; cpu):是微处理芯片的简称,是一个复杂的微小模块,用以存储电脑的数据或为中央处理器提供逻辑电路运算。
⑥ 蓝牙(lányá, Bluetooth):是一种短距的无线通信技术,电子装置彼此可以透过蓝牙而连接起来。

练　习

一、下面每个句子都有一个画线的词语,A、B、C、D四个答案是对这一画线的词语的不同解释,请根据课文内容选择最接近该词语的一种解释。

　　1. 随着智能手机的不断<u>普及</u>,手机病毒成为病毒发展的下一个目标。
　　　　A. 普通　　　　B. 推广　　　　C. 发展　　　　D. 扩大

　　2. 甚至还会<u>损毁</u>SIM卡、芯片等硬件。
　　　　A. 损坏　　　　B. 损失　　　　C. 毁容　　　　D. 毁灭

3. 如今手机病毒受到计算机病毒的启发与影响。
　　A. 启示　　　B. 启事　　　C. 发挥　　　D. 发达

4. 当时，Movistar 手机公司的用户收到大量由计算机发出的名为"Timofonica"的骚扰短信。
　　A. 骚乱　　　B. 混乱　　　C. 扰乱　　　D. 乖巧

5. 毕竟不是 100%的人都用智能手机。
　　A. 过多　　　B. 终究　　　C. 毕业　　　D. 完成

6. 病毒无法感染这种手机。
　　A. 感动　　　B. 感觉　　　C. 传染　　　D. 印染

二、下面每个问题都有 A、B、C、D 四个答案，请根据课文内容选择唯一恰当的答案。

1. 手机病毒不可能利用的传播方式是（　　）。
　　A. 发送短信、彩信　　　　B. 收发电子邮件，浏览网站
　　C. 下载铃声，图片　　　　D. 打电话

2. 历史上最早的手机病毒出现在（　　）。
　　A. 2000 年　　　　　　　B. 2006 年
　　C. 2003 年　　　　　　　D. 1997 年

3. 2004 年 6 月真正意义上的手机病毒"Cabir"蠕虫病毒（　　）。
　　A. 出现在西班牙电信公司
　　B. 通过诺基亚 S60 系列手机复制
　　C. 主要感染浏览危险网站的手机
　　D. 主要感染利用红外接收信息的手机

4. 清除手机病毒最好的方法是（　　）。
　　A. 关机　　　　　　　　B. 换手机
　　C. 删除带有病毒的短信　　D. 与手机服务商联系

三、根据课文内容,判别正误。

    1. 智能手机使手机病毒成了病毒发展的下一个目标。（　　）

    2. 手机病毒和电脑病毒一样具有传染性、破坏性。（　　）

    3. 手机病毒的所谓混合式攻击手法,是受了计算机病毒的影响。（　　）

    4. 最早的手机病毒是"Cabir"蠕虫病毒。（　　）

四、根据课文内容,回答问题。

    1. 为什么手机会遭受病毒的攻击?

    2. 感染了手机病毒可能给用户带来什么损失?

    3. 应该怎样预防手机病毒?

    4. 有没有可以使人完全放心的、病毒感染不了的手机?

第八单元

认 知

第一课

黑猩猩——人类的"兄弟"

由美国、以色列、德国、意大利和西班牙的67名科学家组成的国际黑猩猩基因测序①与分析联盟8月31日说,他们初步完成了黑猩猩基因组序列草图与人类基因组序列的比较工作。

黑猩猩是第一个基因组测序的非人类灵长目②动物,也是现存与人类关系最密切的"表兄弟"。研究显示,黑猩猩和人类基因组的DNA序列相似性达到99%;即使考虑到DNA序列插入或删除,两者的相似性也有96%;人类与黑猩猩有29%的共同基因编码③生成同样的蛋白质。科学家说,人类与黑猩猩在600万年前由共同的祖先分别进化后,其蛋白质体系只经历过一次主要变化。两者之间的差异只相当于任意两个不同人之间基因组差异的10倍。

人类与黑猩猩的共同之处还在于,两者都拥有一些变异很快的基因。这些基因主要涉及听觉、神经信号传导、精子的生成、细胞内的离子传输④。它们比其他哺乳动物同类基因的变异快得多。科学家认为,这些基因可能决定了灵长动物的特性。与其他动物相比,人类与黑猩猩还共有一些易于引起病变的基因。科学家认为,这些基因尽管在总体上削弱了灵长类动物的抵抗力,却使它们更能适应环境的快速变化。

人类与黑猩猩基因组的差异更引起科学家的兴趣。研究表明,在人类与黑猩猩基因组的约30亿个DNA碱基对⑤中,有3500万对是有差异的。由于两者基因组在不同位置分别出现了碱基对的插入和删除,又另外造成500万个位点有差异。在这总共4000万个DNA序列差异中,绝大部分不具备实际功能或者功能很小,但也有300万个碱基对位于功能基因上。

科学家发现,人类身上的一些基因比黑猩猩的同样基因变异更快。其中最突出的是编码转录因子⑥的基因,而转录因子负责"管理"胚胎发育时的一些关键基因。此外,黑猩猩身上缺乏人类拥有的约50个基因,其中有3个基因与炎症反应相关。而人类也缺乏黑猩猩所拥有的一个基因,这一基因能保护大脑不受早老性痴呆症⑦的侵袭。

他们还发现,人类基因组有7个区域可能经历了25万年来的"选择性清洗",也就是突变⑧基因具有明显竞争优势。经过数百代繁殖后,突变种变成了种群里的优势种,相应的突变基因也变成了正常基因。人类基因组中经过"选择性清洗"的,就包括与语言相关的基因。

主持这一研究的美国华盛顿大学基因组科学系主任罗伯特·沃特斯顿说,黑猩猩是人类最近的亲戚,也最适合于"让我们认识自己",我们迄今还不知道"什么是人类",而黑猩猩和人类基因组的比较将提供解答这个问题的钥匙。

(选编自《江淮晨报》)

注 释

① 基因测序(jīyīn cèxù,Gensequenz f.)对生物遗传的基本单位——基因的排列顺序及规律进行探测。

② 灵长目(língzhǎngmù,primate):哺乳动物的一目,猴、类人猿属于这一目,是最高等的哺乳动物,大脑较发达。

③ 编码(biānmǎ,encoded;code)将某种信息用规定的一组代码来表示的过程。

④ 离子传输(lízǐ chuánshū,ion transport;ion transmission)物理学名词。原子或原子团失去或得到电子后叫做离子。离子传输指细胞内离子的传递和输送。

⑤ 碱基对(jiǎnjīduì,base-pair)生物化学名词。形成DNA、RNA单体以及编码遗传信息的化学结构。常被用来衡量DNA和RNA的长度。

⑥ 转录因子(zhuǎnlù yīnzǐ,transcription factor;transfer factor)基因转录有正调控和负调控之分。转录因子是起正调控作用的反式作用因子,相当于基因的"开关"。

⑦ 早老性痴呆症(zǎolǎoxìng chīdāizhèng,Alzheimer's disease):又名"阿尔茨海默症",一种脑部病症。脑的一些特殊部位的细胞出现损坏及退化,患者会出现脑组织缩小、典型的神经元纤维纠结及神经斑块等现象。

⑧ 突变(tūbiàn,mutation):突然的或急剧的变化。

练 习

一、下面每个句子都有一个画线的词语,A、B、C、D 四个答案是对这一画线的词语的不同解释,请根据课文内容选择最接近该词语的一种解释。

1. 黑猩猩是现存与人类关系最密切的"表兄弟"。
   A. 秘密   B. 亲近   C. 关切   D. 亲切

2. 即使考虑到 DNA 序列插入或删除,两者的相似性也有 96%。
   A. 减除   B. 删减   C. 去除   D. 删改

3. 两者之间的差异只相当于任意两个不同人之间基因组差异的 10 倍。
   A. 随意   B. 特意   C. 肆意   D. 有意

4. 这些基因主要涉及听觉、神经信号传导、精子生成、细胞内的离子传输。
   A. 关联到   B. 是关于   C. 及格   D. 及时

5. 这些基因尽管在总体上削弱了灵长类动物的抵抗力,却使它们更能适应环境的快速变化。
   A. 减弱   B. 衰弱   C. 变弱   D. 薄弱

6. 黑猩猩和人类基因组的比较将提供解答这个问题的钥匙。
   A. 解决   B. 回答   C. 解释   D. 答案

二、下面每个问题都有 A、B、C、D 四个答案,请根据课文内容选择唯一恰当的答案。

1. 黑猩猩基因组序列草图与人类基因组序列比较显示的结果是(   )。
   A. 黑猩猩与人类基因相差不到十倍
   B. 黑猩猩与人类面貌的相似程度达到 96% 以上
   C. 黑猩猩是第一个灵长目动物
   D. 黑猩猩是人类关系最密切的"表兄弟"

2. 考虑到 DNA 序列插入或删除，黑猩猩与人类基因组的序列相似性可达到(　　)。
   A. 99%　　　　　B. 96%　　　　　C. 29%　　　　　D. 10%

3. 人类与黑猩猩共同拥有一些变异很快的基因,它们不涉及(　　)。
   A. 听觉　　　　　　　　　　　B. 神经信号传导
   C. 炎症反应　　　　　　　　　D. 精子的生成

4. 人类与黑猩猩基因组的 DNA 碱基对中,有(　　)个位点有差异。
   A. 30 亿　　　　　B. 3500 万　　　　C. 300 万　　　　D. 500 万

三、根据课文内容,判别正误。

1. 黑猩猩和人类基因组的差异相当于任意两个不同人之间的差异。(　　)
2. 人类基因组中经过"选择性清洗"的,包括与语言相关的基因。(　　)
3. 人类基因组渐变基因具有明显竞争优势。(　　)
4. 经过数百代繁殖后,人类基因中的突变基因变成了正常基因。(　　)

四、根据课文内容,回答问题。

1. 为什么说黑猩猩是现存与人类关系最密切的"表兄弟"？
2. 为什么人类与语言相关的基因与黑猩猩不同？
3. 人类与黑猩猩还有什么不同之处？
4. 黑猩猩为什么少有早老性痴呆症？

第二课

人类的自我认知①

你是一个独立型的人还是一个依赖型的人?很多人答不上来。因为他们从未关注过这个问题。再如日常生活中,总有一些人常因约会迟到而让人恼火。常迟到的人,有人解释说自己懒散,而另一些人看起来好像根本就若无其事。他们似乎没有意识到自己经常迟到!为什么会这样?

很可能因为他们从未注意或者关注过自己经常迟到的事实,他们从来没有感觉到自己缺乏责任感。心理学对"自我"的定义是:"对自己的特点、行为表现等属性的认知,它是对自己发生的动作、行为、采取的决定、逻辑推断、生活体验等的组织、调节与控制,是以人的躯体及其所属社会财富(社会资源)为基础的一种特殊心理过程。"这项理论认为我们发展出一种"模式②",就像我们人格③的内部地图,我们用其来理解并对自己解释现在和未来的行为,例如:我约会常常很准时,因此我是一个认真的、尊重他人的、有责任感的人。Hazel Markus教授的一项经典的社会心理学研究对自我认知模式的这一方面进行了详细的调查。她调查的不是人们是否认为自己拥有责任感而是是否拥有独立人格或者依赖性人格。她让48名女性被调查者填写问卷来评价对自己独立性的自我认知。你是个人主义者还是顺从主义者?是领导者还是跟随者?

根据问卷,这些女性被分为三组:独立者,依赖者,以及没有明确类型的第三组。第三组被冠以"去模式化"——即对于自己的独立性没有认知模式。由于这样或那样的原因,这些人的自我认知在这里存在一个空洞。关键的是,这组是在排除了那些认为"独立/依赖"这一维度④很重要,但在某些情况下认为她们自己独立而在另一些情况下则不独立的被试之后形成的一个组别。只有那些真正在任意一种情况下都不关心这一维度的人才称为"去模式化"。因为她们看起来完全意识不到——完全不知道,或者很显然不关心自己是否是独立自主的人。

其实所有人在自我认知方面都存在一些"去模式化"的领域。那些对我们来说是盲点⑤的特征对其他人来说相当明显。不幸的是,唯一可以找出这些盲点的办法就是去问其他人,尽管很尴尬或困难。而且,我们的盲点既可能是负面的也可能是正面的。如有的人某些时候居然意识不到自己是有魅力、有热情或有责任心的人。

无论我们是否有勇气接受,这项研究揭示了一个有趣而令人不安的观点:我们人格的某些方面对我们来说可能完全是个谜,因为我们从来不会刻意关注到那些方面。

(选编自人文视界—新知·公益联盟网站,作者:孙晓燕,2010-11-13)

注　释

① 自我认知（zìwǒ rènzhī,autognosis;self-cognition）:也叫自我意识,是个体对自己存在的觉察,包括对自己的行为和心理状态和认知。
② 模式(móshì,mode):某种事物的标准样式,使人可以照着做。
③ 人格(réngé,personality):人的性情、气质、能力等特征的总和。
④ 维度(wéidù,psychological dimension):是属性、范围、系数、承受能力等意思的包涵,在不同的对象中指代不同的意思。
⑤ 盲点(mángdiǎn,blind spot;scotoma):视网膜上的一点,在视神经进入眼球处。此点无感光细胞,物体影像落在上面不能产生视觉。比喻认识不清的地方。

练　习

一、下面每个句子都有一个画线的词语,A、B、C、D四个答案是对这一画线的词语的不同解释,请根据课文内容选择最接近该词语的一种解释。

1. 你是一个独立型的人还是一个依赖型的人?
　　A. 依恋　　　B. 依旧　　　C. 依靠　　　D. 依照

2. 因为他们从未<u>关注</u>过这个问题。
   A. 关于联系　　B. 关心重视　　C. 注重关照　　D. 主要关系

3. 有人解释说自己<u>懒散</u>,而另一些人看起来好像根本就若无其事。
   A. 懒虫　　　　B. 懒汉　　　　C. 松散　　　　D. 散漫

4. 你是个人主义者还是<u>顺从</u>主义者?
   A. 顺便　　　　B. 顺手　　　　C. 跟随别人　　D. 从头

5. 唯一可以找出这些盲点的办法就是去问其他人,尽管很<u>尴尬</u>或困难。
   A. 难堪　　　　B. 丑陋　　　　C. 可耻　　　　D. 虚假

6. 有的人某些时候居然意识不到自己是有<u>魅力</u>、有热情或有责任心的人。
   A. 抵抗力　　　B. 吸引力　　　C. 忍耐力　　　D. 冲击力

二、下面每个问题都有 A、B、C、D 四个答案,请根据课文内容选择唯一恰当的答案。

1. 很多人答不上来自己是个独立型还是依赖型的人,是因为他们(　　)。
   A. 记忆力不强　　　　　　　　B. 从未关注过这个问题
   C. 刻意回避这个问题　　　　　D. 生活一成不变

2. 为什么有的人约会时常常迟到(　　)。
   A. 他们有些人是生活懒散的人
   B. 他们是缺乏热情和没有责任感的人
   C. 这是他们过度自尊的表现
   D. 他们在日常生活中也常惹人恼火

3. 心理学对"自我"的定义不包括(　　)。
   A. 对自己的特点、行为表现等属性的认知
   B. 对自己的动作、行为、决定、逻辑推断等的组织、调节与控制
   C. 以人的躯体及其所属社会财富为基础的
   D. 一种特殊的、偏离常规的心理过程

4. 本文主要说明的是( )。

    A. 经常迟到的人都是一些大脑不正常的人

    B. 所有的人在自我认知方面都存在一些"去模式化"的领域

    C. 某些人居然意识不到自己是有魅力、有热情或有责任心的人

    D. 找出自己的盲点就可以变成一个独立自主的人

三、根据课文内容，判别正误。

1. 每个人对自我的认知和评价都差不多。　　　　　　　　（　　）

2. Hazel Markus 教授的社会心理学研究目的是为了找出除了独立者和依赖者外的第三种人。　　　　　　　　　　　　　　　（　　）

3. 每个人的盲点都是负面的，正面的他自己不可能不知道。（　　）

4. 为找出自己的认知盲点去问别人，是一件很容易的事。（　　）

四、根据课文内容，回答问题。

1. 在什么情况下，一个人经常迟到却还能若无其事？

2. 如果你想知道自己的盲点，应该怎么做？

3. 人想要隐瞒的盲点都是负面的特点吗？

4. 你觉得你的自我认知的盲点可能在哪方面？

第三课

大脑中的"天才按钮"

多少年来,人类的大脑一直是科学家不懈①研究的一个重要领地。据报道,不久前,美国加利福尼亚大学的布鲁斯·米勒博士曾在人的大脑内成功地发现了"天才按钮"。

据说,"天才按钮"位于人脑右颞②下的一个特别区域,但这个区域通常被一些神经元③压迫,因而在一般情况下不容易被"启动"。如果将人脑的这个区域"激活"④,那么人的创造才能就会得到尽情发挥。

米勒发现了一个规律,一旦人的右颞下受过伤,就有可能变成某个领域的天才。比如,一名9岁的男孩在部分大脑受损后竟成了一名天才的力学专家;还有一位56岁的工程师,大脑右半球皮质⑤的部分神经元因病受到损伤后却激发了绘画天分,成了一位大画家。米勒认为这是因为受损神经元坏死后,大脑"天才区"被压抑着的天分被释放出来。

现在,有不少科学家又在关注,能否通过人工手段激活人脑中的那些被压迫、被忽略的"天才按钮"。也就是说,通过人工途径把一个普通人变成天才。

澳大利亚科学家认为,借助磁场切断人大脑内一些区段,就完全可以激活那些超级数学和艺术天分。不久前,澳大利亚科学家在17名志愿者身上进行了试验,研究人员对志愿者的整个大脑进行磁刺激,把他们大脑皮质的有关部分断开几秒钟,获得了惊人的结果。有5个人能很快算出某个日子是星期几;还有6个人能凭记忆把马头画得一点儿也不差,其余的人轻易就能记住好几个通信地址。

这些试验动摇了人们从前的"天才源于勤奋"的信念。在一定程度上,一个人的非凡才能是与生俱来的,关键在于如何找到并启动这些"天才按钮"。只要人类了解了大脑神经元运转的更多细节,掌握了更尖端、更先进的医疗技术,就有能力将常人变成天才。

俄罗斯科学家认为,被称为"测错仪"的神经元是存在的,它是大脑内部的一种"预防机制",具有某种压制天才的功能,不让人们的日常行为举止偏离常规。每当人们脑子里出现一个新想法时,"测错仪"就进入了"这不允许"的制约状态,使人们自己也觉得这种想法没多大意思,失去兴趣。但如果这个制约机制出了毛病,或者受到外来损害,那些非凡的念头和天才理论就会源源不断地涌现出来,这个人就成了天才,但也要冒很大的风险。

一个正常人的脑结构能保障他思维、运动和爱,这已经足够,而天才都是有些偏离常规的人。他们的某些素质特别发达,某些素质则被抵消了。很多天才实际上都是某些方面不健全的人。众所周知,俄罗斯大诗人普希金和莱蒙托夫都有某种程度的精神分裂症⑥的症状。有不少专家认为,大多数天才的大脑正是因为有毛病才得到了"解放"。

(选编自《发明与创新》2004年第9期,作者:新华)

注 释

① 不懈(búxiè, indefatigable, untiring):不放松;不怠惰。
② 颞(niè, temple):头部两侧靠近耳朵上方的部分。
③ 神经元(shénjīngyuán, neuron):一个能产生、传导和接受神经冲动的细胞。
④ 激活(jīhuó, activate):刺激有机体内某种物质,使其活跃地发挥作用。
⑤ 皮质(pízhì, cerebral cortex):大脑皮层的简称。
⑥ 精神分裂症(jīngshén fēnlièzhèng, schizophrenia):精神病的一种。症状多为产生幻觉和妄想,沉默,独自发笑,思想、情感和行为不协调等,严重的可发展为痴呆状态。

 练 习

一、下面每个句子都有一个画线的词语,A、B、C、D四个答案是对这一画线的词语的不同解释,请根据课文内容选择最接近该词语的一种解释。

1. 多少年来,人类的大脑一直是科学家不懈研究的一个重要<u>领地</u>。
   A. 领土　　　B. 领域　　　C. 领道　　　D. 领陆

2. 大脑右半球皮质的部分神经元因病受到损伤后却<u>激发</u>了绘画天分。
   A. 激动地发现　　　　B. 刺激使奋发
   C. 激情发挥　　　　　D. 激进发作

3. 大脑"天才区"被压抑着的<u>天分</u>被释放出来。
   A. 天性　　　B. 天才　　　C. 天生　　　D. 天资

4. 这些试验动摇了人们从前的"天才<u>源</u>于勤奋"的信念。
   A. 水源　　　B. 资源　　　C. 来源　　　D. 源头

5. 在一定程度上,一个人的非凡才能是<u>与生俱来</u>的。
   A. 天生　　　B. 未来　　　C. 与日俱增　　　D. 与时俱进

6. 那些非凡的念头和天才理论就会源源不断地<u>涌现</u>出来。
   A. 涌动　　　B. 发现　　　C. 重现　　　D. 大量出现

二、下面每个问题都有A、B、C、D四个答案,请根据课文内容选择唯一恰当的答案。

1. 澳大利亚科学家所做的试验,是为了测试(　　　)。
   A. 哪些人记忆力更强
   B. "天才源于勤奋"的信念
   C. 哪些人具有绘画天才
   D. 对大脑进行磁刺激能否打开"天才按钮"

2. 俄罗斯科学家认为,人在(　　)时会成为天才。
   A. 大脑"预防机制"正常　　　B. 人们想要冒险
   C. 人们脑子里出现想法　　　D. 大脑"预防机制"失常

3. 普希金和莱蒙托夫都有某种程度的精神分裂症的症状,这说明他们(　　)。
   A. 是天才　　　　　　　　　B. 在日常生活中不与人交往
   C. 某些方面不健全　　　　　D. 有资格成为诗人

4. 本文主要说明的是(　　)。
   A. 天才就是大脑不正常的人
   B. "天才按钮",位于人脑右颞下方
   C. 通过人工途径一个普通人也可能变成天才
   D. 天才不需要勤奋

三、根据课文内容,判别正误。

1. 如果将人的"天才按钮"激活,人的创造才能就会得到尽情发挥。(　　)
2. 人们从前的"天才源于勤奋"的信念动摇了。　　　　　　　　(　　)
3. 通过人工途径可以把一个普通人变成天才。　　　　　　　　(　　)
4. 天才都是某些方面不健全的人。　　　　　　　　　　　　　(　　)

四、根据课文内容,回答问题。

1. 在什么情况下,一个人的创造才能就会得到尽情发挥?
2. "天才源于勤奋"这句话遇到了什么挑战?
3. 大脑内部的"预防机制"有什么作用?
4. 为什么说人类将来就有能力将常人变成天才?

第四课 一种新的心理治疗①方法
——认知疗法

认知疗法(Cognitive therapy)产生于20世纪60—70年代的美国,是根据人的认知过程影响其情绪和行为的理论假设,通过认知和行为技术来改变求治者的不良认知,从而矫正②适应不良行为的心理治疗方法。

由于文化、知识水平及周围环境背景的差异,人们对问题往往有不同的理解和认知。如对同一所医院,小孩可能依自己的认识和经验,把它看成一个"可怕的场所",不小心就会被打针;成年人则认为是"救死扶伤"之所、可帮其"减轻痛苦";而有些老年人则可能把医院看成是"进入坟墓之门"。所以,关键不在"医院"客观上是什么,而是被不同人认知或看成是什么。不同的认知就会滋生不同的情绪,从而影响人的行为反应。

因此,"认知疗法"强调,一个人会有不适合客观条件或需要的心理与行为,常常是由于不正确的认知而不是适应不良的行为。只有通过疏导、辩论来改变和重建不合理的认知与信念,才能达到治疗目的。正如认知疗法的主要代表人物贝克(A.T.Beck)所说:"适应不良的行为与情绪,都源于适应不良的认知,因此,行为矫正疗法不如认知疗法。"

例如,一个人一直"认为"自己表现得不够好,连自己的父母也不喜欢他,因此,做什么事都没有信心,很自卑③,心情也很不好。认知疗法的策略,便在于帮助他重新构建认知结构,重新评价自己,重建对自己的信心,更改认为自己"不好"的认知。治疗的目标不仅仅是针对行为、情绪这些外在表现,而且分析病人的思维活动和应付现实的策略,找出错误的认知加以纠正。

认知疗法乃是针对心理分析疗法的缺陷而发展起来的。因为在心理分析治疗时,常着重于心理与行为的潜意识和情感症结④,而这种潜意识的欲望或情感,往往只是施治者的分析推测,不容易向患者解释,也不容易被患者接受,更不易作为治疗的着眼点来操作。治疗把着眼点放在认知上,它不必管看不到、也抓不着的潜意识,只要更正这些可用语言描述的观念、想法、信念,处理好非功能的"认知"即可。既明显,又具体,易取得患者的理解与协作。

认知疗法不同于传统的行为疗法,因为它不仅重视适应不良性行为的矫正,而且更重视改变病人的认知方式和"认知—情感—行为"三者的和谐。同时,认知疗法也不同于传统的内省⑤疗法或精神分析,因为它重视目前病人的认知对其身心的影响,即重视意识中的事件而不是无意识。内省疗法则重视既往经历特别是童年经历对目前问题的影响,重视无意识而忽略意识中的事件。认知疗法的基本观点是:认知过程及其导致的错误观念是行为和情感的中介,适应不良行为和情感与适应不良性认知有关。医生的任务就是与病人共同找出这些适应不良性认知,并提供"学习"或训练方法矫正这些认知,使病人的认知更接近现实和实际。随着不良认知的矫正,病人的心理障碍也会逐步好转。

(选编自百度快照 2009-1-16)

注 释

① 心理治疗(xīnlǐ zhìliáo,mind cure;psychotherapy):用心理学理论和方法对人格障碍、心理疾患的治疗。广义的包括对患者所处环境的改善,周围人(包括医生)语言、行为的影响(如安慰、鼓励、暗示、示范等),特殊的环境布置等一切有助于疾患治愈的方法;狭义的指由心理医师专门实施的治疗。

② 矫正(jiǎozhèng,to correct):改正,纠正。

③ 自卑(zìbēi,inferiority;self-abasement):轻视自己,以为自己太差,赶不上别人。

④ 症结(zhēngjié,crux):原指腹内结块的病,比喻事情弄坏或不能解决的关键所在。

⑤ 内省(nèixǐng,introspection):在心里对自己进行反思,检查自己的言行。

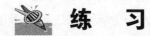 练 习

一、下面每个句子都有一个画线的词语，A、B、C、D 四个答案是对这一画线的词语的不同解释，请根据课文内容选择最接近该词语的一种解释。

1. 从而<u>矫正</u>适应不良行为的心理治疗方法。
   A. 纠正　　　B. 矫健　　　C. 正确　　　D. 正常

2. 不同的认知就会<u>滋生</u>不同的情绪，从而影响人的行为反应。
   A. 滋事　　　B. 引起　　　C. 增加　　　D. 出生

3. 认知疗法的策略，便在于帮助他重新<u>构建</u>认知结构。
   A. 构成　　　B. 结构　　　C. 建筑　　　D. 建立

4. 分析病人的思维活动和<u>应付</u>现实的策略，找出错误的认知加以纠正。
   A. 解决　　　B. 回答　　　C. 应对　　　D. 应该

5. 认知疗法乃是针对心理分析疗法的<u>缺陷</u>而发展起来的。
   A. 缺点　　　B. 陷阱　　　C. 缺席　　　D. 陷落

6. 内省疗法则重视<u>既往</u>经历特别是童年经历对目前问题的影响。
   A. 既然　　　B. 往常　　　C. 过去　　　D. 来往

二、下面每个问题都有 A、B、C、D 四个答案，请根据课文内容选择唯一恰当的答案。

1. 认知疗法（　　）。
   A. 产生于20世纪80年代的美国
   B. 着重于心理与行为的潜意识和情感症结
   C. 一种古老的传统心理治疗方法
   D. 通过认知和行为技术来改变求治者的不良认知

2. 对同一所医院,不同的人有不同的认知,因为(　　)。
   A. 小孩把它看成一个"可怕的场所",不小心就会被打针
   B. 他们有文化、知识水平及周围环境背景的差异
   C. 有些老年人则可能把医院看成是"进入坟墓之门"
   D. 成年人则认为是"救死扶伤"之所、可帮其"减轻痛苦"

3. 贝克认为行为矫正疗法不如认知疗法,是因为(　　)。
   A. 认知疗法适用范围更广泛
   B. 认知疗法是针对心理分析疗法的缺陷而发展起来的
   C. 适应不良的行为与情绪往往是源于适应不良的认知
   D. 行为矫正疗法已经过时

4. 认知疗法与传统的行为疗法的区别在于(　　)。
   A. 更重视改变病人的认知方式和"认知—情感—行为"三者的和谐
   B. 重视目前病人的认知对其身心的影响
   C. 重视意识中的事件而不是无意识
   D. 只针对行为、情绪等外在表现

三、根据课文内容,判别正误。
   1. 认知疗法是一种包治百病的心理治疗方法。　　(　　)
   2. 人们对同一问题往往有不同的理解和认知。　　(　　)
   3. 如果一个人认为父母不喜欢自己,就容易产生自卑。(　　)
   4. 认知疗法是精神分析疗法的继承与发展。　　(　　)

四、根据课文内容,回答问题。
   1. 认知疗法的理论基础是什么?
   2. 为什么对同一所医院不同的人有不同的认知?
   3. 为什么认知疗法比行为矫正疗法会更有效?
   4. 你同意人的认知和心理影响人的情绪和行为吗?

第九单元
地　貌

第一课

冰川的"恶作剧"①

在欧洲的大部分地区,人们可以看到一个非常奇特的现象:有的地方孤零零地散布着几块与周围的岩层毫不相同的大岩块,而有的古老变质岩的岩块,本来只在斯堪的纳维亚地区才有,如今却落户西欧的草原。在相信《圣经》的年代,这样的砾石②被看作诺亚洪水的产物。第一个确认它们为冰川作用产物的人叫阿加西斯。1840年,阿加西斯在伦敦地质学会作了题为"论冰川及苏格兰、爱尔兰、英格兰冰川存在的证据"的演讲,引起了巨大的反响。阿加西斯的证据,一是刻槽和擦痕,包括冰川砾石上的和冰川经过地方的羊背石上的擦痕,羊背石间常积水成湖,所以形成了芬兰"千湖之国"的特殊景观,二是含大量巨砾的松散沉积层是冰川融化后堆积下来的,故与基岩完全不同。

一些科学家对阿加西斯的理论提出了质疑。然而现在,阿加西斯的理论已经得到学术界的普遍认同。科学家们已经确切地知道,第四纪内出现过四次冰期,其中第二次的规模最大。当时在北美东部,冰盖往北越过哈得逊湾和五大湖区,南达俄亥俄河和密苏里河流域;北美西部,从不列颠哥伦比亚西部到浦杰特桑德湾的广袤③地区,都笼罩在厚厚的冰层之下。在欧洲,北起斯堪的纳维亚半岛,西及不列颠群岛大部,南至德国中部、波兰,东达俄国西伯利亚,都是冰川的天下。冰川甚至跨过干涸的白令海峡到达美国阿拉斯加。

通俗地说,冰川就是冰的河流。冰也会流动,只是速度慢得多;在流动时冰川对冰床发生刨蚀(就像用刨子刨木头那样),并把刨下来的岩块冻结在冰川里一起流动。当冰川消融后,冰川内携带的岩块就作为冰碛物堆积下来。就这样,斯堪的纳维亚的变质岩"跑"到了英国和德国,原来是冰川的恶作剧!

尽管是恶作剧,不同时期的冰川发育还是有严格的地域范围。第四纪的冰期延续时间长,覆盖范围大,但只见于北半球;晚古生代的冰川遗迹则只见于南半球的克拉通地区,如印度、南非、澳大利亚、巴西等地。早元古代也有冰川活动,其遗迹发现于北美大陆北部和欧洲北部,而且两者能很好对比,说明本来就是一套沉积,只是后来大西洋的打开使两者被拆开了。

(选编自中国科普博览网站)

注　释

① 恶作剧(èzuòjù,prank)：戏弄人、使人难堪的行为。
② 砾石(lìshí,pebblestone)：经水流冲击磨去棱角的岩石。
③ 广袤(guǎngmào,vast)：广阔,宽广。

练　习

一、下面每个句子都有一个画线的词语,A、B、C、D四个答案是对这一画线的词语的不同解释,请根据课文内容选择最接近该词语的一种解释。

1. 有的地方孤零零地<u>散布</u>着几块与周围的岩层毫不相同的大岩块
　　A. 分布　　　B. 散落　　　C. 分散　　　D. 散播

2. 含大量巨砾的松散沉积层是冰川融化后堆积下来的,<u>故</u>与基岩完全不同。
　　A. 本来　　　B. 过去　　　C. 因故　　　D. 因此

3. 阿加西斯作了题为"论冰川及苏格兰、爱尔兰、英格兰冰川存在的证据"的演讲。
　　A. 主题　　　B. 问题　　　C. 标题　　　D. 议题

4. 1840年阿加西斯在伦敦地质学会作了演讲,引起了巨大的<u>反响</u>。
　　A. 反对　　　B. 反映　　　C. 反应　　　D. 反问

5. 一些科学家对阿加西斯的理论提出了<u>质疑</u>。
   A. 质询　　　B. 质问　　　C. 询问　　　D. 疑问

6. 北美西部从不列颠哥伦比亚西部到浦杰特桑德湾的<u>广袤</u>地区,都笼罩在厚厚的冰层之下。
   A. 广阔　　　B. 广大　　　C. 广场　　　D. 广延

二、下面每个问题都有A、B、C、D四个答案,请根据课文内容选择唯一恰当的答案。

1. 下面哪一项是阿加西斯证明有冰川的证据(　　)。
   A. 哈得逊湾和五大湖区　　　B. 羊背石上的擦痕
   C. 扬子—塔里木次大陆　　　D. 冰川的恶作剧

2. 第四纪第二次冰期的表现有(　　)。
   A. 塔里木次盆地　　　　　　B. 澳大利亚的冰层
   C. 浦杰特桑德湾的冰盖　　　D. 大西洋的打开

3. 晚古生代冰川影响的范围不包括(　　)。
   A. 北美洲　　　　　　　　　B. 南美洲
   C. 亚洲　　　　　　　　　　D. 大洋洲

4. 大西洋的打开拆开了(　　)的冰川遗迹。
   A. 第四纪　　　　　　　　　B. 早元古代
   C. 晚古生代　　　　　　　　D. 早震旦世

三、根据课文内容,判别正误。

1. 阿加西斯证明了冰川的存在。　　　　　　　　　　　(　　)
2. 1840年起,人们才了解到冰川的存在。　　　　　　　(　　)
3. 冰川的恶作剧给人类带来灾难。　　　　　　　　　　(　　)
4. 历史上共有四次冰期。　　　　　　　　　　　　　　(　　)

四、根据课文内容,回答问题。

    1. 斯堪的纳维亚地区的变质岩为什么会出现在西欧的草原。

    2. 冰川在所经过的地区留下了什么痕迹?

    3. "千湖之国"形成的原因是什么?

    4. 冰川的痕迹对地质研究有什么帮助?

第二课

罗布泊"雅丹"奇观

罗布泊几乎无日不风,每年八级以上的大风天有80多天,平日四五级风。正像古人写流沙的诗所描述的那样:"无端①昨夜西风急,尽卷波涛上山冈。"

大风卷起大量的沙石,铺天盖地落下来,从而造成沙丘的不断移动,形成形状奇异、大小不等、排列有序的土丘,有的匍匐②在地,似狮、似虎、似龙、似牛;有的怪异,像神、像魔鬼;有的肃穆③庄重,像城堡、像房屋。云影掠过,或细风撩起轻沙,土丘似乎缓缓漂移,像航船启程,如鲸鱼遨游④……真是千姿百态。这般构造的地貌,地理学家们称之为"雅丹"。"雅丹"在维吾尔语中,原意是险峻的土丘。由于瑞典地理学家斯文赫定在文章中第一次使用这个词,于是,"雅丹"就成了自然地理学通用的专门术语。

在辽阔的"雅丹"中,人们所看到的并不仅仅是狂风和沙丘。每当风平浪静时,会有另一番景象映入人们的眼中。由于发生明显的反射、折射、造成幻景,人们时常会看见远方出现一汪清水,碧波荡漾。可是,当人们走近的时候,一切化作乌有。这就是奇妙的"海市蜃楼"。

人们也许难以置信,就是这"古来少人烟,四季皆干旱"的罗布泊,却是祖国的一块宝地。

早在距今四千年至一万年的新石器时代,罗布泊就有了人类活动,到了汉代,居然成了新疆较早从事农业生产的地区之一。

悠久的历史,干燥的气候,闭塞的环境,使这里成了一个"文物宝库"。虽然中外一些探险家、考古家,过去在这里发现了世界瞩目的古城、古遗址和自新石器以来的大量古代文物,但在世界考古学家眼中,这里的文物仍是一个"未知数",有待进一步考察。

"雅丹"也是一些野生动植物的"天然乐园"。在一些干涸的河床两岸,生长着片片罗布麻、片片红柳,奔驰着黄羊、野骆驼。夏天,罗布麻一开花,花儿密匝匝、红艳艳,同红柳花交相辉映,恍如大漠上飘起朵朵彩霞,煞是好看。

(选编自人民网)

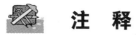

注 释

① 无端(wúduān, for no reason)：没有理由或原因。
② 匍匐(púfú, creep)：爬行。
③ 肃穆(sùmù, solemn)：严肃安静。
④ 遨游(áoyóu, roam)：漫游。

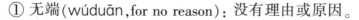

一、下面每个句子都有一个画线的词语，A、B、C、D 四个答案是对这一画线的词语的不同解释，请根据课文内容选择最接近该词语的一种解释。

1. 云影掠过，或细风撩起轻沙，土丘似乎缓缓漂移，像航船启程，如鲸鱼遨游……真是千姿百态。
   A. 掀　　　　B. 吹　　　　C. 拂　　　　D. 抬

2. 每当风平浪静时，会有另一番景象映入人们的眼中。
   A. 样　　　　B. 副　　　　C. 面　　　　D. 篇

3. 当人们走近的时候，一切化作乌有。
   A. 无有　　　B. 罕有　　　C. 少有　　　D. 稀有

4. 人们也许难以置信，就是这"古来少人烟，四季皆干旱"的罗布泊，却是祖国的一块宝地。
   A. 轻信　　　B. 相信　　　C. 信仰　　　D. 信心

5. 过去在这里发现了世界瞩目的古城、古遗址和自新石器以来的大量古代文物。
   A. 注册　　　B. 注入　　　C. 关注　　　D. 注重

6. 花儿密匝匝、红艳艳,同红柳花交相辉映,恍如大漠上飘起朵朵彩霞,煞是好看。

  A. 比如   B. 犹如   C. 假如   D. 例如

二、下面每个问题都有A、B、C、D四个答案,请根据课文内容选择唯一恰当的答案。

1. 在罗布泊几乎每天都会看到的自然现象是( )。

  A. 大风   B. 海市蜃楼 C. 沙丘   D. 罗布麻

2. 根据课文,可以判断出"雅丹"是( )。

  A. 一种地形 B. 一种地势 C. 一个地方 D. 一种地貌

3. 下面哪一个不是"雅丹"成为"文物宝库"的原因( )。

  A. 悠久的历史   B. 干燥的气候

  C. 闭塞的环境   D. 设立了保护区

4. 本文主要说明的是( )。

  A. "雅丹"的成因   B. "雅丹"的地理环境

  C. "雅丹"的历史   D. "雅丹"名称的由来

三、根据课文内容,判别正误。

1. "雅丹"的得名来源于维吾尔语。   ( )
2. 在辽阔的"雅丹"经常出现"海市蜃楼"现象。   ( )
3. 罗布泊人烟稀少,四季干旱。   ( )
4. 人们已经调查清楚罗布泊有多少文物。   ( )

四、根据课文内容,回答问题。

1. 在"雅丹"人们能看到什么奇特的自然现象?为什么会出现这种自然现象?
2. "雅丹"地貌主要出现在哪里?
3. "雅丹"为什么能成为"文物宝库"?
4. 为什么说"雅丹"是一些野生动植物的"天然乐园"?

第三课

美不胜收的地下水世界

翻开一幅幅地图,可以看到河流纵横交错,湖泊星罗棋布。其实,地底下照样有河流(常称暗河或伏流)和湖泊,只不过它们发育在地质学家所称的溶洞里,平时我们看不到。

世界上最大的溶洞是北美阿巴拉契亚山脉的猛犸洞,洞深64公里,所有的岔①洞连起来的总长度达250公里。洞里宽的地方像广场,窄的地方像长廊,高的地方有30米高。雨季,整个洞内都有流水,成为地下河流,在坡折处河水跌落,形成瀑布;旱季,局部地区有水,形成地下湖泊,可能还有积水很深的潭,不妨称为无底潭②。说它是个美不胜收的地下水世界真是一点儿都不夸张的。

中国是个多溶洞的国家,广西境内的溶洞尤其著名,如桂林的七星岩、芦笛岩等。北京西南郊周口店附近的上方山云水洞,深612米,七个"大厅"由一条窄长的"走廊"相连,洞的尽头是一个硕大的石笋③,石笋背后即是深不及底的落水洞。周口店的龙骨洞,洞虽不大,却是我们老祖宗的栖身地,闻名于世界。

溶洞的形成是石灰岩地区地下水长期溶蚀的结果。石灰岩的主要成分是碳酸钙($CaCO_3$),在有水和二氧化碳时发生化学反应生成碳酸氢钙[$Ca(HCO_3)_2$],后者可溶于水,于是有空洞形成并逐步扩大。这种现象在南欧亚德利亚海岸的喀斯特高原上最为典型,所以人们常把石灰岩地区的这种地形笼统地称为喀斯特地形。

按其发育演化,喀斯特地形可分出以下6种:(1)地表水沿石灰岩内的裂隙面等发生溶蚀,形成溶沟(或溶槽),原先成层分布的石灰岩被溶沟分开成石柱或石笋。(2)地表水沿石灰岩裂缝向下渗流和溶蚀,超过100米深后形成落水洞。(3)从落水洞下落的地下水到含水层后发生横向流动,形成溶洞。(4)随地下洞穴的形成地表发生塌陷,塌陷的深度大面积小,称坍陷漏斗,深度小面积大则称陷塘。(5)地下水的溶蚀与塌陷作用长期相结合地作用,形成天生桥。(6) 地面上升,原溶洞和地下河等被抬出地表形成石林,地下水的溶蚀作用在旧日的溶洞和地下河之下继续进行。云南路南的石林是上述第一阶段(溶沟阶段)的产物,这里的自然风光因阿诗玛姑娘的动人传说而变得格外旖旎④。桂林的象鼻山,则是原地下河道出露地表形成的。在广西境内,经常可看到这种抬升到地表以上的溶洞,俗称"神女镜"或"仙女镜"。

当然,地下河流还有别的成因,如江苏宜兴附近的善卷洞内也有暗河,可行船,但这种洞穴是海蚀洞。

(选编自中国科普博览网站)

注 释

① 岔(chà, fork):山脉、道路分歧的地方。

② 潭(tán, pond):深的水池。

③ 石笋(shísǔn, stalagmite):岩洞中直立的像笋一样的石头。

④ 旖旎(yǐnǐ, pretty):柔和美丽。

练 习

一、下面每个句子都有一个画线的词语,A、B、C、D 四个答案是对这一画线的词语的不同解释,请根据课文内容选择最接近该词语的一种解释。

1. 翻开一幅幅地图,可以看到河流纵横交错,湖泊星罗棋布。
   A. 交通　　　B. 交织　　　C. 交出　　　D. 交流

2. 旱季,局部地区有水,形成地下湖泊,可能还有积水很深的潭,不妨称为无底潭。
   A. 局面　　　B. 局外　　　C. 局内　　　D. 部分

3. 说它是个美不胜收的地下水世界真是一点儿都不夸张的。
   A. 夸口　　　B. 夸赞　　　C. 夸奖　　　D. 夸大

4. 洞的尽头是一个硕大的石笋,石笋背后即是深不及底的落水洞。
   A. 以及　　　　B. 及至　　　　C. 到　　　　D. 及格

5. 洞虽不大,却是我们老祖宗的栖身地,闻名于世界。
   A. 工作　　　　B. 居住　　　　C. 隐身　　　　D. 埋葬

6. 人们常把石灰岩地区的这种地形笼统地称为喀斯特地形。
   A. 概括　　　　B. 具体　　　　C. 统一　　　　D. 统合

二、下面每个问题都有A、B、C、D四个答案,请根据课文内容选择唯一恰当的答案。

1. 文章中没有提到的喀斯特地貌是(　　)。
   A. 溶洞　　　　　　　　B. 石钟乳
   C. 地下湖泊　　　　　　D. 石笋

2. 桂林的象鼻山原来是(　　)。
   A. 地下河道　　　　　　B. 落水洞
   C. 无底潭　　　　　　　D. 地下湖泊

3. 这篇课文没有谈到(　　)。
   A. 喀斯特地形的成因　　B. 喀斯特地形的种类
   C. 喀斯特地形的得名　　D. 喀斯特地形的开发

4. 文章中提到的海蚀洞在(　　)。
   A. 喀斯特高原　　　　　B. 云南路南
   C. 广西境内　　　　　　D. 江苏宜兴

三、根据课文内容,判别正误。

1. 喀斯特地形因南欧亚德利亚海岸的喀斯特高原而得名。　　(　　)
2. 喀斯特高原上有很多仙女镜。　　　　　　　　　　　　　(　　)
3. 善卷洞内的暗河是我国著名的喀斯特地貌。　　　　　　　(　　)
4. 世界上最大的溶洞在中国的芦笛岩。　　　　　　　　　　(　　)

四、根据课文内容,回答问题。

1. 喀斯特地形是怎样形成的?
2. 喀斯特地形有哪几种?
3. 溶洞是怎样形成的?
4. 云南路南石林是怎样形成的?

第四课

虚无缥缈的海市蜃楼

在平静无风的海面、湖面或沙漠上，有时眼前会突然耸立起亭台楼阁、城郭古堡，或者其他物体的幻影，这些幻影虚无缥缈①，变幻莫测，宛如仙境，这就是海市蜃楼②，简称蜃景。

蜃景有两个特点：一是在同一地点重复出现，比如美国的阿拉斯加上空经常会出现蜃景；二是出现的时间一定，比如我国蓬莱的蜃景大多出现在每年的5、6月份，俄罗斯齐姆连斯克附近蜃景往往是在春天出现，而美国阿拉斯加的蜃景一般是在6月20日以后的20天内出现。

自古以来，蜃景就为世人所关注。在西方神话中，蜃景被描绘成魔鬼的化身，是带来死亡和不幸的凶兆。中国古人则把蜃景看成是仙境，秦始皇、汉武帝曾率人前往蓬莱寻访仙境，还屡次派人去求长生不老药。现代科学已经对大多数蜃景作出了正确解释，认为蜃景是地球上物体反射的光经大气折射而形成的虚像，实际上就是视觉幻觉。

蜃景与地理位置、地球物理条件以及那些地方在特定时间的气象特点有密切联系。气温的反常分布是大多数蜃景形成的气象条件。

夏季沙漠中烈日当头，沙土被晒得灼热，沙土附近的下层空气温度上升得很高，而上层空气的温度仍然很低，这样就形成了气温的反常分布。由于热胀冷缩，接近沙土的下层热空气密度小而上层冷空气的密度大，这样空气的折射率是下层小而上层大。当远处较高物体反射出来的光从上层较密空气进入下层较疏空气时被不断折射，其入射角逐渐增大，增大到等于一定角度时发生全反射，这时，人要是逆着反射光线看去，就会看到蜃景。

蜃景不仅能在海上、沙漠中产生，柏油马路上偶尔也会看到。柏油马路因路面颜色深，夏天在灼热阳光下吸热能力强，同样会在路面上空形成上层的空气冷、密度大，而下层空气热、密度小的分布特征，所以也会形成蜃景。

(选编自百度百科网站)

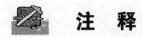 注 释

① 虚无缥缈(xūwú piāomiǎo, illusory)：貌似真实的；虚幻的。
② 海市蜃楼 (hǎishìshènlóu, mirage)：一种奇特的自然现象，通称"蜃景"。比喻虚无缥缈的事情。

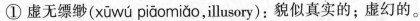 练 习

一、下面每个句子都有一个画线的词语，A、B、C、D 四个答案是对这一画线的词语的不同解释，请根据课文内容选择最接近该词语的一种解释。

1. 有时眼前会突然<u>耸立</u>起亭台楼阁、城郭古堡。
   A. 站立   B. 矗立   C. 孤立   D. 直立

2. 这些幻影虚无缥缈，变幻莫测，<u>宛如</u>仙境。
   A. 例如   B. 如果   C. 犹如   D. 比如

3. 在西方神话中，蜃景被描绘成魔鬼的<u>化身</u>。
   A. 变身   B. 亲身   C. 转身   D. 替身

4. 在西方神话中，蜃景被描绘成魔鬼的化身，是带来死亡和不幸的<u>凶兆</u>。
   A. 不祥的兆头   B. 凶狠的兆头
   C. 凶恶的兆头   D. 凶猛的兆头

5. 夏季沙漠中烈日<u>当头</u>。
   A. 抬头   B. 迎头   C. 顶头   D. 冒头

6. 秦始皇、汉武帝曾<u>率</u>人前往蓬莱寻访仙境，还屡次派人去求长生不老药。
   A. 送   B. 派   C. 叫   D. 领

二、下面每个问题都有 A、B、C、D 四个答案，请根据课文内容选择唯一恰当的答案。

    1. 美国阿拉斯加的蜃景一般在(　　)出现。
       A. 6月下旬到7月上旬　　　　B. 5—6月
       C. 春天　　　　　　　　　　D. 秋天

    2. 文中没有提到的蜃景是(　　)。
       A. 亭台楼阁　　　　　　　　B. 仙境
       C. 城郭古堡　　　　　　　　D. 物体的幻影

    3. 蜃景偶尔出现在(　　)。
       A. 树林里　　　　　　　　　B. 城市楼群里
       C. 柏油马路上　　　　　　　D. 水泥马路上

    4. 大多数蜃景形成的气象条件是(　　)。
       A. 高温炎热　　　　　　　　B. 气温反常分布
       C. 温差变化　　　　　　　　D. 气候干燥

三、根据课文内容，判别正误。

    1. 秦始皇、汉武帝曾研究过蜃景。　　　　　　　　　　　(　　)
    2. 蜃景往往会在同一地点重复出现。　　　　　　　　　　(　　)
    3. 沙漠中蜃景的形成是由于因沙土的温度上升极快。　　　(　　)
    4. 中国古人把蜃景看成凶兆。　　　　　　　　　　　　　(　　)

四、根据课文内容，回答问题。

    1. 蜃景有什么特点？
    2. 古代中西方是怎么看待蜃景的？
    3. 夏季沙漠中的蜃景是如何形成的？
    4. 柏油马路上为什么能看到蜃景？

第十单元
地 质

第一课

寒武纪寒冷吗？

寒武纪是古生代的第一个纪，始于约6亿年前，终于5亿年前，延续了约一亿年的漫长时间。从名字上听来，寒武纪给人以阴冷恐怖的感觉，实际上，"寒武"是英文Cambria的音译，它原本是英国威尔士西部一座山脉的名称，因为地质学家塞奇威克（A. Sedgwick, 1785—1873）在这里进行过详细的科学研究，发现了许多那一时期的生物化石并确认了相应的地层，这个词就作为一个地质学术语沿用至今。现在，寒武纪这个名字已被广泛使用，它代表地球上有大量生物开始出现的新时期，在此之前的地质时期，由于地球上的生物极其稀少而被人们统称为前寒武纪。

因为有大量生物开始出现，可见寒武纪时并不寒冷，恰恰相反，寒武纪时海洋中十分温暖，适合各种生物的生长发育。寒武纪时的地球主要是水的世界，已经形成的古陆全是秃山和荒漠，而且彼此孤立、分隔，不具备生物繁衍的条件。但在海洋中，情形大不相同。在寒武纪之前，海洋中就有大量的藻类繁殖，还有许多低等动物活动在海藻①间。进入寒武纪后，地球上出现了广泛的海侵②现象。海洋的面积进一步扩大，这为海洋生物的生长创造了条件，一些原始无脊椎动物逐渐演化发展成具有硬壳的无脊椎动物。

生物从无壳到有壳，产生了两方面的影响。首先是生存环境向更有利于生物发展的方向变化，寒武纪时浅海面积扩大，海水温暖，且含有正常盐分和大量溶解了的碳酸钙，这满足了无脊椎动物产生硬体骨骼的需要；其次，生物具备硬壳后，栖息条件发生了改变，生物体增强了自我保护能力和竞争力。

寒武纪最显著的特点，就是具有硬壳的无脊椎动物如雨后春笋③般的出现。它们的飞速涌现，形成了生物大爆炸的壮观局面，引起了从无壳到有壳这一生物进化历程中的重大飞跃。在寒武纪之前，地球上一片荒寂，海洋中的生物寥寥无几；只有到了寒武纪，地球才展现出欣欣向荣④的面貌，而改变地球面貌的恰恰是这些众多的生物。

(选编自中国科普博览网站)

注 释

① 海藻(hǎizǎo, seaweed)：生活在海中的藻类。
② 海侵(hǎiqīn, transgression)：地面下沉时，海水淹没陆地。
③ 雨后春笋(yǔ hòu chūn sǔn, appeare like mushrooms)：比喻新生事物又快又多地涌现。
④ 欣欣向荣(xīnxīn xiàng róng, flourishing)：形容草木生长茂盛的样子。

练 习

一、下面每个句子都有一个画线的词语，A、B、C、D四个答案是对这一画线的词语的不同解释，请根据课文内容选择最接近该词语的一种解释。

1. 寒武纪是古生代的第一个纪，始于大约6亿年前，终于5亿年前。
   A. 最终　　　B. 结束　　　C. 完成　　　D. 最后

2. 从名字上听来，寒武纪给人以阴冷恐怖的感觉。
   A. 恐怕　　　B. 恐吓　　　C. 恐慌　　　D. 可怕

3. 这个词就作为一个地质学术语沿用至今。
   A. 引用　　　B. 用作　　　C. 专用　　　D. 应用

4. 进入寒武纪后，地球上出现了广泛的海侵现象。
   A. 普遍　　　B. 广大　　　C. 泛滥　　　D. 广阔

5. 在寒武纪之前,地球上一片荒寂,海洋中的生物寥寥无几。
   A. 没有   B. 稀少   C. 无聊   D. 无地自容

6. 只有到了寒武纪,地球才展现出欣欣向荣的面貌。
   A. 显现   B. 展播   C. 涌现   D. 展开

二、下面每个问题都有A、B、C、D四个答案,请根据课文内容选择唯一恰当的答案。

1. 寒武纪的得名来源于(　　)。
   A. 人名   B. 地名
   C. 山名   D. 化石名

2. 关于寒武纪时期的描述,正确的是(　　)。
   A. 地球上的生物极其稀少
   B. 气候非常寒冷
   C. 海洋的面积进一步缩小
   D. 地球上的生物开始大量出现

3. 寒武纪时,海洋发生的主要变化是(　　)。
   A. 海洋温度降低   B. 海洋面积扩大
   C. 海洋深度加深   D. 海洋生物减少

4. 生物从无壳到有壳,对于自身的重大影响是(　　)。
   A. 生存环境更有利
   B. 增强了自我保护能力和竞争力
   C. 改变了地球的面貌
   D. 栖息条件发生了改变

三、根据课文内容,判别正误。

1. 寒武纪时地球气候十分寒冷。   (　　)
2. 寒武纪时陆地面积很小。   (　　)
3. 寒武纪时地球上出现了广泛的海侵现象。   (　　)
4. 有壳动物的自我保护能力比无壳动物的强。   (　　)

四、根据课文内容,回答问题。

    1. 寒武纪时期的生物化石可以在哪里找到？

    2. 无脊椎动物的硬体骨骼是怎么发展来的？

    3. 前寒武纪时期有有壳动物吗？

    4. 海侵现象产生了什么结果？

第二课

侏罗纪①公园

在法国和瑞士交界的阿尔卑斯山区，有一座侏罗山（Jura Mountains）。这座山并不十分险峻，但却非常有名。19世纪初，就有许多人来这里进行科学考察，今天地质学上用的一些理论和概念，有不少得益于当时的人们对侏罗山区的认识。由于这一地区有发育特别完整的地层，形成于地质史的中生代中期，于是科学家称这一地质期为侏罗纪。这个时期是爬行动物大繁盛的时期。

侏罗纪时，全球气候温暖湿润，没有热带与温带的差别。这种条件对恐龙的繁衍十分有利；它们迅速占领了陆地、海洋和天空。在中生代时，哺乳动物还没有出现，恐龙等爬行动物还没有遇到生存竞争的对手，它们理所当然②地成为生物界的霸主。如果能够通过"时光隧道"回到侏罗纪，你会发现到处都是恐龙家族的成员：在空中滑翔掠过的是翼手龙和飞龙；在海洋中搏击风浪的是鱼龙和蛇颈龙；陆地上四处觅食的是梁龙、剑龙和雷龙。一句话，地球成了恐龙主宰的世界。

恐龙等爬行动物得到迅猛发展，陆生恐龙最终雄霸地球的表面，这都受益于陆地植物。温暖的气候十分有利于陆地植物的生存和繁衍，乔木③与灌木④相互混合，整个地球为陆生植物所覆盖，侏罗纪成了名副其实的绿色公园。多种植物形成的茂密树林为草食恐龙提供了丰富的食源；也为它们和其他小型恐龙提供了藏身之所；草食恐龙数量的增多无疑又对肉食恐龙极为有利。这一完整的食物链揭示了侏罗纪之所以成为恐龙世界的秘密。

侏罗纪晚期，地球环境受地壳运动的影响而发生改变，火山活动频繁，气候变得干燥炎热，渐渐不适合恐龙的生存。这一时期始祖鸟开始出现，标志着爬行动物逐步向鸟类演化。

(选编自中国经济网)

注 释

① 侏罗纪(zhūluójì,Jurassic period)：中生代的第二个纪,始于距今 2.03 亿年,结束于 1.35 亿年,共经历了 6800 万年。
② 理所当然(lǐ suǒ dāngrán,go without saying)：很自然地。
③ 乔木(qiáomù,arbor)：有一个直立主干、且高达 6 米以上的木本植物。
④ 灌木(guànmù,shrubbery)：主干不明显,常在基部发出多个枝干的木本植物。

练 习

一、下面每个句子都有一个画线的词语,A、B、C、D 四个答案是对这一画线的词语的不同解释,请根据课文内容选择最接近该词语的一种解释。

1. 这座山并不十分<u>险峻</u>,但却非常有名。
　　A. 高而缓　　　B. 高而险　　　C. 高而难　　　D. 高而陡

2. 今天地质学上用的一些理论和概念,有不少<u>得益</u>于当时的人们对侏罗山区的认识。
　　A. 有益　　　B. 收益　　　C. 受益　　　D. 利益

3. 在海洋中<u>搏击</u>风浪的是鱼龙和蛇颈龙。
　　A. 打击　　　B. 抗击　　　C. 拍击　　　D. 攻击

4. <u>一句话</u>,地球成了恐龙主宰的世界。
　　A. 不用说　　　B. 换句话　　　C. 就是说　　　D. 总之

5. 陆生恐龙最终<u>雄霸</u>地球的表面,这都受益于陆地植物。
　　A. 雄威　　　B. 霸占　　　C. 霸主　　　D. 雄劲

6. 侏罗纪成了<u>名副其实</u>的绿色公园。
   A. 名过其实　　B. 名不副实　　C. 名实难副　　D. 名不虚传

二、下面每个问题都有 A、B、C、D 四个答案，请根据课文内容选择唯一恰当的答案。

1. 侏罗山十分有名，因为它(　　)。
   A. 高大　　　　　　　　　　B. 险要
   C. 有发育特别完整的地层　　D. 植物茂盛

2. 中生代时没有出现的动物是(　　)。
   A. 爬行动物　　　　　　　　B. 肉食动物
   C. 杂食动物　　　　　　　　D. 哺乳动物

3. 下列选项中，不在陆地生存的生物是(　　)。
   A. 梁龙　　　　　　　　　　B. 乔木
   C. 蛇颈龙　　　　　　　　　D. 雷龙

4. 文章主要说明的是(　　)。
   A. 侏罗纪公园的位置　　　　B. 侏罗纪时期的生物
   C. 侏罗纪时期的气候　　　　D. 侏罗纪时期的植物

三、根据课文内容，判别正误。

1. 侏罗纪晚期，恐龙成为生物界的霸主。　　　　　　　　(　　)
2. 人们可以通过"时光隧道"回到侏罗纪。　　　　　　　(　　)
3. 蛇颈龙以陆生植物作为食物。　　　　　　　　　　　　(　　)
4. 侏罗纪时期是爬行动物大繁盛的时期。　　　　　　　　(　　)

四、根据课文内容，回答问题。

1. 侏罗纪的名称是怎样得来的？
2. 侏罗纪为什么会成为恐龙的世界？
3. 为什么说侏罗纪成了名副其实的绿色公园？
4. 侏罗纪晚期气候发生了什么变化？

第三课

白垩纪①——恐龙终结者

白垩纪是中生代的最末一个纪,白垩的名称"Creta"来自拉丁文,代表一种灰白色、颗粒较细的碳酸钙沉积,白垩纪是地史中第一个以岩性命名的纪。

白垩纪是地球发展史上的重要时期,是动植物新生门类蓬勃发展和迅速演变的时期,也是发生大陆漂移,又一次出现全球生物大灭绝的时期。恐龙在那时曾占领着世界舞台,如著名的霸王龙就生活在白垩纪,它是当时最强悍②的食肉动物。而以霸王龙为代表的蜥臀类恐龙则大多具有捕杀猎物的能力,在世界各地都有它们的踪迹。鸟臀类在这一时期的演化也十分醒目,新出现的鸟臀类恐龙有甲龙、角龙、鸟脚龙类等,鸭嘴龙就是十分常见的鸟脚龙类。除了陆地上的恐龙,白垩纪时,向空中发展的爬行动物发展了更完善的适应能力,它们不仅个体硕大,飞翔能力也可以同某些鸟类相媲美;另外,海洋中的爬行动物以沧龙类和蛇颈龙类为代表。但在整个白垩纪,鸟类、哺乳类和鱼类的崛起已对恐龙构成威胁,从侏罗纪延续下来的由恐龙主宰世界的格局正面临瓦解。

白垩纪出现了真正的鸟类,这是生物进化史上的一个重要事件。鱼类中的真骨鱼得到迅速发展并遍及全球各地。节肢动物中的介形虫个体微小,既可生活在淡水,又能生活在海水和半咸水中,有很强的适应能力。海生无脊椎动物中,菊石、有孔虫、双壳类最有代表性。

白垩纪后期,最重要的事件就是各种恐龙的相继绝灭,这一生物界的霸主最终退出了历史舞台,从而结束了统治地球长达一亿多年的恐龙时代。科学家们进一步指出,灾难并不仅仅降临在恐龙身上,在白垩纪末期,出现了一场遍及整个生物界的大劫难。

科学家们指出,中生代末期以恐龙为代表的生物的大绝灭,是继古生代末二叠纪的生物大绝灭后又一次引人瞩目的事件。统计表明,中生代末的这次浩劫③中,遭殃的生物有3000个属④,其中一半以上惨遭淘汰。科学家们认为,众多生物在短时间内突然绝灭,可以看作是生物界演化历程中的调节与平衡,是促进生物继续发展的重要因素,正是这次大绝灭引起了新生代哺乳动物的飞速发展,地球呈现出千姿百态的新景观。

(选编自雅虎知识堂)

注 释

① 白垩纪(bái'èjì,Cretaceous Period):中生代最后的一个纪,开始于距今1.37亿年,结束于距今6700万年。
② 强悍(qiánghàn,fierce):勇猛无比。
③ 浩劫(hàojié,great calamity):大的灾难。
⑥ 属(shǔ,genus):生物分类系统上所用的等级之一。

练 习

一、下面每个句子都有一个画线的词语,A、B、C、D四个答案是对这一画线的词语的不同解释,请根据课文内容选择最接近该词语的一种解释。

1. 白垩纪是中生代的最末一个纪。
    A. 短   B. 后   C. 头   D. 尾

2. 鸟臀类在这一时期的演化也十分醒目。
    A. 显目   B. 刺目   C. 明显   D. 耀目

3. 从侏罗纪延续下来的由恐龙主宰世界的格局正面临瓦解。
    A. 解决   B. 解放   C. 崩溃   D. 消灭

4. 这一生物界的霸主最终退出了历史舞台。
    A. 地主   B. 领主   C. 盟主   D. 霸王

5. 在白垩纪末期,出现了一场遍及整个生物界的大劫难。
    A. 困难   B. 灾难   C. 苦难   D. 死难

6. 中生代末期以恐龙为代表的生物的大绝灭,是继古生代末二叠纪的生物大绝灭后又一次引人瞩目的事件。
    A. 刮目   B. 夺目   C. 侧目   D. 注目

二、下面每个问题都有 A、B、C、D 四个答案,请根据课文内容选择唯一恰当的答案。

1. 下列选项中不属于鸟臀类的是(   )。
    A. 角龙   B. 甲龙
    C. 霸王龙   D. 鸟脚龙

2. 关于白垩纪,不正确的说法是(   )。
    A. 白垩纪是中生代的最末一个纪
    B. 白垩纪出现了真正的鸟类
    C. 白垩纪既是动植物蓬勃发展时期,也是全球生物大灭绝时期
    D. 白垩纪是地史中第一个以颜色命名的纪

3. 白垩纪没有出现的是(   )。
    A. 霸王龙   B. 鸭嘴龙
    C. 剑龙   D. 蛇颈龙

4. 生活在陆地上的恐龙是(   )。
    A. 沧龙类   B. 蛇颈龙类
    C. 鸟臀类   D. 双壳类

三、根据课文内容,判别正误。

1. 鸭嘴龙的飞翔能力可以同某些鸟类相媲美。   (   )
2. 白垩纪发生了第一次全球生物大灭绝。   (   )
3. 介形虫可以在湖水中生存。   (   )
4. 菊石是一种脊椎动物。   (   )

四、根据课文内容，回答问题。

1. 为什么说白垩纪末期生物界遭遇了一场大劫难？
2. 为什么说白垩纪是恐龙终结时代？
3. 哪些生物向恐龙的霸主地位发起了挑战？
4. 为什么说众多生物的灭绝是生物界演化历程中的调节与平衡？

第四课

煤炭从哪里来？

在神奇的化石世界中，人们首先注意到的往往是各种动物化石，而对植物化石认识较少。实际上，植物比动物出现得更早，植物界自形成以来，历经亿万年的变迁，它们的演化方式与动物界相似，也经历了从水生发展到陆生，从低等进化到高等的过程。在地球发展历史的每一阶段都有植物参与，很难想象，地球上没有植物将会是什么样子，人类失去植物将会怎样生活。

石炭纪[①]是植物大繁盛的代表时期。石炭纪开始于距今3.5亿年前，延续了约6500万年。由于这一时期形成的地层中含有丰富的煤炭，因而得名"石炭纪"。

石炭纪的气候温暖湿润，有利于植物的生长。随着陆地面积的扩大，陆生植物从滨海[②]地带向大陆内部延伸，并得到空前发展，进而形成大规模的森林和沼泽，这给煤炭的形成提供了有利条件。所以，石炭纪是地史时期最重要的成煤期之一。此外，石炭纪也是地壳频繁运动的时期，许多地区在这时因褶皱而上升，形成山系和陆地，产生了地形高低起伏，地球上出现了明显的气候差异。

在石炭纪的森林中，既有高大的乔木，也有茂密的灌木。石炭纪时，早期的裸子植物[③]（如苏铁、松柏、银杏等）非常引人注目；但相对来说，蕨类植物[④]的数量最为丰富。蕨类植物是灌木林中的旺族，它们虽然低矮，但占据了森林的大量下层空间，紧紧拥挤在一起。可以这样说，今天地球上之所以蕴藏有如此丰富的煤炭资源，是与石炭纪植物的繁盛密切相关的。

植物是怎样变成煤炭的呢？由于石炭纪的植物种类繁多，生长迅速，它们死后即便有一部分很快腐烂，但仍有许多枝干倒伏后避免了风化作用和细菌、微生物的破坏。石炭纪的森林，不少是被水浸泡着的沼泽地。死亡后的植物枝干很快会下沉到稀泥中，那里实际上是一种封闭的还原环境。在这种环境中，植物枝干避免了外界的破坏，并在压实作用和其他作用下缓慢地演变成泥炭。年复一年，由植物形成的很多泥炭在地层中得到保存，再经历了成煤作用后,这些泥炭成为初级的煤炭——褐煤。褐煤是一种劣质煤,继续经过长时间的压实后,它才能形成真正意义上的煤——烟煤。褐煤转化成烟煤要付出巨大的"代价"。据地质学家推算,1米厚的烟煤是由20米厚的褐煤压缩而成的。

(选编自中国科普博览网站)

注　释

① 石炭纪(shítànjì, Carboniferous period):是古生代的第5个纪,开始于距今约3.5亿年,结束于距今2.9亿年。
② 滨海(bīnhǎi, be close to the sea):靠近海边。
③ 裸子植物(luǒzǐ zhíwù, gymnosperms):种子植物的一大类,种子是裸露的,没有果皮包着,区别于"被子植物"。
④ 蕨类植物(juélèi zhíwù, ferns):植物的一大类,远古时多为树木,现代的多为草本,叶子较小,用孢子繁殖,生长在森林和山野的阴湿地带。

练　习

一、下面每个句子都有一个画线的词语,A、B、C、D四个答案是对这一画线的词语的不同解释,请根据课文内容选择最接近该词语的一种解释。

1. 它们的<u>演化</u>方式与动物界相似。
　　A. 演义　　　B. 演奏　　　C. 演示　　　D. 演变

2. 陆生植物从<u>滨海</u>地带向大陆内部延伸。
　　A. 近海　　　B. 沿海　　　C. 海外　　　D. 领海

3. 相对来说,蕨类植物的数量<u>最为</u>丰富。
　　A. 尤为　　　B. 为首　　　C. 大为　　　D. 很为

4. 蕨类植物是灌木林中的旺族。
   A. 强　　　　B. 盛　　　　C. 名　　　　D. 高

5. 地球上之所以蕴藏有如此丰富的煤炭资源,是与石炭纪植物的繁盛密切相关的。
   A. 蓄积　　　B. 蕴涵　　　C. 隐藏　　　D. 储藏

6. 褐煤转化成烟煤要付出巨大的"代价"。
   A. 变化　　　B. 转变　　　C. 分化　　　D. 改变

二、下面每个问题都有A、B、C、D四个答案,请根据课文内容选择唯一恰当的答案。

1. 石炭纪得名于那个时期地层中含有大量的(　　)。
   A. 木炭　　　　　　　　B. 石头
   C. 石炭　　　　　　　　D. 煤炭

2. 文中提到,石炭纪有利于植物生长的因素是(　　)。
   A. 土壤肥沃　　　　　　B. 气候温暖湿润
   C. 水源充足　　　　　　D. 日照充沛

3. 不属于裸子植物的是(　　)。
   A. 苏铁　　　　　　　　B. 松柏
   C. 白杨　　　　　　　　D. 银杏

4. 关于石炭纪,不正确的描述是(　　)。
   A. 石炭纪是动物大繁盛的代表时期
   B. 石炭纪是地史时期最重要的成煤期之一
   C. 石炭纪是地壳频繁运动的时期
   D. 石炭纪是大陆空前发展时期

三、根据课文内容,判别正误。

1. 煤炭是一种植物化石。　　　　　　　　　　　　（　　）
2. 植物和动物的演化方式完全不同。　　　　　　　（　　）
3. 高大的乔木是形成煤炭的主要植物。　　　　　　（　　）
4. 褐煤比烟煤质量更好。　　　　　　　　　　　　（　　）

四、根据课文内容,回答问题。

1. 植物的演化有什么规律?
2. 石炭纪主要有哪些植物?
3. 植物是怎样变成煤的?
4. 褐煤转化成烟煤要付出怎样的"代价"?

第十一单元

科 技

第一课

新能源——"可燃冰"

有一种物质，看上去跟冰块没什么两样，但一碰到火，这种"冰块"就会立即熊熊燃烧起来，这种物质就是"可燃冰"。"可燃冰"只是俗名，它的科学名称是天然气水合物。它是一种白色固体物质，是在低温、高压条件下，由天然气和水两种物质结合成的。它的外貌极似冰雪，但是遇火即可燃烧，这是因为它的主要成分是甲烷①。可燃冰中的甲烷含量相当于空气中甲烷含量的3000倍以上，甲烷水合物释放②出的碳和煤中所含的碳是一样的。

"可燃冰"燃烧所产生的热量比同等条件下的煤、石油、天然气等产生的热量多得多，而在燃烧以后几乎不产生任何残渣或废弃物，污染比煤、石油、天然气等要小得多。因此可以说，"可燃冰"是高能量、环保的新能源。科学家们普遍认为，"可燃冰"将可能取代天然气、石油等，成为未来世界的主要能源。

"可燃冰"属于新型能源，它的许多特性不同于油气等常规能源。它在自然界的分布非常广泛，海底以下0到1500米深的大陆架和北极等地的永久冻土带都有可能存在，世界上有79个国家和地区都发现了"可燃冰"。近几十年来，科学家先后在海底和冻土带发现储量巨大的可燃冰。全球可燃冰储量相当于所有开采和未开采的石油、煤和天然气总量的两倍，而且90%以上的可燃冰都储藏在浅海大陆架下(大约海底以下100米到500米深处)。

"可燃冰"同自然环境处于十分敏感的平衡中，仅仅在低温高压状态下才能保持稳定。这是它和传统能源的最主要区别。因此，环境变化时可燃冰往往会释放出来，进而可能造成地质灾害，释放到大气层中的可燃气体甲烷会强化温室效应，影响全球气候变化。

可燃冰被认为是未来能源的宝库。但一些专家警告说，可燃冰是可能导致气候变化的潜在的因素，如果利用不当，它有可能造成不可控制的气候变暖。

(选编自中国公众科技网)

注　释

① 甲烷(jiǎwán, methane)：没有颜色、没有气味的可燃气体，是天然气的主要成分，用作燃料和化工原料。
② 释放(shìfàng, release)：把所含的物质或能量放出来。

练　习

一、下面每个句子都有一个画线的词语，A、B、C、D 四个答案是对这一画线的词语的不同解释，请根据课文内容选择最接近该词语的一种解释。

1. 有一种物质，看上去跟冰块没什么<u>两样</u>。
　　A. 重样　　　B. 异常　　　C. 同样　　　D. 不一样

2. 在燃烧以后几乎不产生任何<u>残</u>渣或废弃物。
　　A. 残缺　　　B. 残留　　　C. 残酷　　　D. 残疾

3. 全球可燃冰储量相当于所有<u>开采</u>和未开采的石油、煤和天然气总量的两倍。
　　A. 开动　　　B. 开垦　　　C. 挖掘　　　D. 开凿

4. "可燃冰"同自然环境处于十分<u>敏感</u>的平衡中，仅仅在低温高压状态下才能保持稳定。
　　A. 不稳定　　B. 敏锐　　　C. 敏捷　　　D. 好感

5. "可燃冰"是可能导致气候变化的<u>潜在</u>的因素。
　　A. 内在　　　B. 潜藏　　　C. 潜逃　　　D. 存在

6. 如果利用<u>不当</u>，它有可能造成不可控制的气候变暖。
　　A. 不行　　　B. 不得　　　C. 不能　　　D. 不好

二、下面每个问题都有 A、B、C、D 四个答案,请根据课文内容选择唯一恰当的答案。

1. "可燃冰"和冰的共同点在于(　　)。
   A. 物理性质　　　　　　B. 外在特征
   C. 化学性质　　　　　　D. 构成成分

2. 课文没有提到发现"可燃冰"的地方是(　　)。
   A. 大陆架　　　　　　　B. 北极
   C. 南极　　　　　　　　D. 海底

3. "可燃冰"和传统能源的最主要区别在于(　　)。
   A. 污染少　　　　　　　B. 储量大
   C. 分布广　　　　　　　D. 对环境要求高

4. 文章没有提及(　　)。
   A. "可燃冰"的特征　　　B. "可燃冰"的开发利用
   C. "可燃冰"的好处　　　D. "可燃冰"的危害

三、根据课文内容,判别正误。

1. "可燃冰"的主要成分是水。　　　　　　　　　　　　(　　)
2. "可燃冰"已经用于日常生活。　　　　　　　　　　　(　　)
3. "可燃冰"的使用必然造成不可控制的气候变暖。　　　(　　)
4. "可燃冰"的许多特征不同于油气等常规能源。　　　　(　　)

四、根据课文内容,回答问题。

1. "可燃冰"有什么特性?
2. "可燃冰"和传统能源有什么区别?
3. "可燃冰"存在何种潜在的危害?
4. 为什么可燃冰被认为是未来能源的宝库?

第二课

情感计算

人的情感当然不容易计算，但对计算机而言，不会计算情感的确是个缺陷。弄巧成拙①的屏幕助手自从在微软公司的Office 97办公软件中出现起，就不断遭到用户抱怨，2001年终于被隐藏起来。美国麻省理工大学著名计算机科学家皮卡德认为，这种"大眼夹"缺少的正是情感智商，比如了解他人的感受，懂得什么时候该咧嘴笑，什么时候该沉默。

对人类而言，情感比理性思维更具有基础。皮卡德所在的小组正在探索的"情感计算"，就是希望能设计出可以识别和适应使用者情绪状态的软件。虽然听起来不太现实，但这个思路已经在虚拟②健身教练劳拉身上得到了体现。

每个与劳拉交谈过的人都会发现，她真是一个理想的谈话对象——亲切和蔼、善解人意，表情、姿势丰富，声音轻柔悦耳，而且从不下判断，更不会因为你的忽视而生气。如果她是真人，你可能会爱上她。

劳拉的研究者为她准备了四种谈话状态：信息传达；问候、告别和社交对话；移情；鼓励。根据这个框架，劳拉可以配合适当的姿势和面部表情，让你感到真诚和友善，还会从交谈中判断你的心情，做出恰当的表情，比如扬起眉毛、微笑和靠近一些等。

计算机能读懂你的情绪，帮助你缓解压力，无疑将有巨大的价值。根据参加研究者的反应，劳拉特别能激发起健身的热情，它指导的老人每天行走的运动量明显增加。

然而，现有的计算机情感水平怎么看都像是精心设计的机关，就像为聊天软件设计的表情符号一样。对情感计算的此类批评并不在少数。马里兰大学的施奈德曼说："计算机的智能不应该超过一枝铅笔。因为使用者需要一种控制感，需要感到主宰着技术。"他还认为：制造出机器也有情感的幻想，将使人们更加不愿对自己的行为、对机器和使用机器的后果承担责任。

皮卡德不在意批评，她认为，底线在于这样能改善人们的生活，就像宠物狗的情商③所起的作用一样。狗很善于发现你的情绪，它会通过自己的举动来给你安慰,这样做并没有什么情感理论指导。既然狗能做到,为什么不能让计算机也试试呢?

其实,表情回应只是情感计算比较容易的部分,更大的挑战是创造出能与人长期相处的数字伴侣。机器人的生活真实性总是有限度的,参加了与劳拉交流一个月的试验的人说:她哪怕能换一件衣服也好。如果是陪伴慢性病患者,老是谈论天气和当地足球队就更不行了。虽然劳拉有声音,用户还是只能打字与她交谈。能给用户更大自由的互动交谈往往超出了软件能应付的程度。

为保持交流的生动性,皮卡德正在着手研究其他途径,目前的研究领域之一是怎样使这个系统能定期将新鲜的内容融合进来,这些新鲜内容也许来自机器人偶然产生的情绪,或者来自软件从新闻中得到的信息。

(选编自《三联生活周刊》2006-2-20,作者:吴戈)

注 释

① 弄巧成拙(nòng qiǎo chéng zhuō,overreach oneself):本想要弄聪明,结果做了蠢事。
② 虚拟(xūnǐ,inveted;fictitious):由高科技实现的仿实物的技术。
③ 情商(qíngshāng,emotion quotient,EQ):情感商数。

练 习

一、下面每个句子都有一个画线的词语,A、B、C、D 四个答案是对这一画线的词语的不同解释,请根据课文内容选择最接近该词语的一种解释。

1. 她真是一个<u>理想</u>的谈话对象。
   A. 合意　　　B. 理论　　　C. 理性　　　D. 想象

2. 亲切和蔼,善解人意,表情、姿势丰富,声音轻柔悦耳,而且从不下判断。
   A. 作　　　　B. 生　　　　C. 用　　　　D. 发

3. 劳拉可以配合适当的姿势和面部表情,让你感到真诚和友善。
   A. 友谊　　　B. 善意　　　C. 善良　　　D. 友好

4. 皮卡德不在意批评。
   A. 注意　　　B. 介意　　　C. 愿意　　　D. 有意

5. 她认为,底线在于这样能改善人们的生活,就像宠物狗的情商所起的作用一样。
   A. 最高限度　　　　　　　B. 最大限度
   C. 最低限度　　　　　　　D. 最小限度

6. 皮卡德正在着手研究其他途径。
   A. 入手　　　B. 开始　　　C. 下手　　　D. 用手

二、下面每个问题都有 A、B、C、D 四个答案,请根据课文内容选择唯一恰当的答案。

1. 关于"对机器人的生活真实性总是有限度的",不正确的说法是(　　)。
   A. 劳拉不会换衣服
   B. 机器人能读懂你的情绪
   C. 不管面对什么人,劳拉总是谈论天气和足球
   D. 人类现在还只能通过打字和劳拉交谈

2. 施奈德曼对皮卡德的研究所持态度是(　　)。
   A. 欣喜　　　　　　　　　B. 支持
   C. 反对　　　　　　　　　D. 观望

3. 劳拉目前无法完成的任务是(　　)。
   A. 鼓励人参加健身　　　　B. 和人谈话
   C. 能谈论每天的新闻　　　D. 谈论天气

4. 为保持人和机器人交流的生动性，皮卡德目前正在研究的项目是（　　）。

　　A. 让机器人能及时更新信息　　B. 让机器人有声音
　　C. 让机器人穿衣服　　D. 让机器人会打字

三、根据课文内容，判别正误。

1. 微软公司 Office 软件中的屏幕助手能够了解使用者的感受。（　　）
2. 劳拉有表情、有动作，让人觉得亲切。（　　）
3. 劳拉特别能激起人参加健身活动的热情。（　　）
4. 计算机的智能超不过一枝铅笔。（　　）

四、根据课文内容，回答问题。

1. 为什么说劳拉是一个理想的谈话对象？
2. 劳拉都有什么样的谈话状态？
3. 施奈德曼对机器情感化怎么看？
4. 劳拉有什么缺点？

第三课

太空烹调术

现在的宇航员①在国际空间站②上生活6个月,每天能看到太阳升起16次,也要吃掉500多份单调的脱水耐储食品。虽然比起20世纪60年代从管子里挤出来的苹果酱要好一些,但航天飞机和国际空间站上仍然都没有冰箱,300多种食物都必须是能在常温环境中保存一年的,不是冻干食品,就是用微波炉加热食用的密封食品,饮料只能是速溶饮料。在飞往火星的任务中食品需要储存3—5年,新鲜就更谈不上了。

除了改善储存方法,开发太空种植技术,也有人想到了"食品复制机"这种简单方法,它可以利用有限的几种适于太空携带的成分制成一大堆熟悉的食品。目前,美国科学家埃里克·波纳博正在对此进行可行性③研究。

尽管困难重重,波纳博却对食品设计充满信心,他看到了这个项目对整个食品工业的巨大潜力,比如可以在民航班机、学校和街头应用大型的食品复制机,不光能保证营养成分精确,机器还能将不同成分和比例任意组合,创造出无数新奇的食品和口味。

机器本来解决不了一切,但太空飞行又不得不依靠机器。只是在地面也用机器制造美味,烹调的乐趣又在哪里呢?原料的任意组合一定是美味吗?除非人的味觉也能千变万化。对这个问题,波纳博的想法是研究一种智能软件来判断不同的食物品质,其实尝一下不是最简单的方法吗?波纳博还在思考如何让这台机器听懂不同语言的点菜指令,看来想象力极端丰富的人总是容易钻牛角尖。

不过,有实验表明,没有鸡也能有鸡肉并非幻想,因为少量食用肉可以在实验室里工业生产出来。美国《组织工程》杂志上的一篇论文指出:牛或鸡身上的单个肌细胞可以分离出来,培养出成千的新细胞。在美国国家航空航天局的利用鱼肉组织进行的实验中,已经制造出少量鱼肉来。马里兰大学研究农业经济和公共健康的博士贾森·马西尼的小组提出了两种具有大规模产肉潜力的技术:一种是在大片的薄隔膜上生长来自肌肉和脂肪等几种不同种类组织的细胞,另一种是在小的三维珠子上生长肌细胞,成熟后就能收获。

这种由实验室生产出来的"人造肉"与牛肉、禽肉、猪肉、羊肉或鱼肉相比,味道几可乱真④,而且营养和组织结构无异。

当然,除了不得不依靠此类食品的宇航员,要使普通消费者相信人造肉可以吃,还需要努力。考虑到全世界对肉类的需求在增加,以及疯牛病和禽流感的威胁,这或许是一种更有利于环境和人类健康的方式。

(选编自《三联生活周刊》2006-1-23,作者:吴戈)

注 释

① 宇航员(yǔhángyuán,astronaut):以太空飞行为职业或进行过太空飞行的人。

② 空间站 (kōngjiānzhàn,space station):一种在近地轨道长时间运行,可供多名航天员在其中生活工作和巡访的载人航天器。

③ 可行性(kěxíngxìng,feasibility):指对过程、设计、程序或计划能否在所要求的时间范围内成功完成的确定。

④ 乱真(luànzhēn,look genuine):模仿得很像,无法辨别真伪。

练 习

一、下面每个句子都有一个画线的词语,A、B、C、D 四个答案是对这一画线的词语的不同解释,请根据课文内容选择最接近该词语的一种解释。

1. 在飞往火星的任务中食品需要储存 3—5 年,新鲜就更谈不上了。
   A. 吃不上　　B. 不可能　　C. 不很多　　D. 不谈论

2. 尽管困难重重,波纳博却对食品设计充满信心。
   A. 很多　　　B. 重复　　　C. 一重　　　D. 很大

3. 不光能保证营养成分精确,机器还能将不同成分和比例任意组合。
   A. 确切　　　　B. 准确　　　　C. 正确　　　　D. 精良

4. 波纳博还在思考如何让这台机器听懂不同语言的点菜指令。
   A. 指挥　　　　B. 指导　　　　C. 指使　　　　D. 指示

5. 看来想象力极端丰富的人总是容易钻进牛角尖。
   A. 总是　　　　B. 极易　　　　C. 端正　　　　D. 极其

6. "人造肉"与牛肉、猪肉、羊肉或鱼肉相比,味道几可乱真,而且营养和组织结构无异。
   A. 异样　　　　B. 不同　　　　C. 相同　　　　D. 无关

二、下面每个问题都有 A、B、C、D 四个答案,请根据课文内容选择唯一恰当的答案。

1. 关于航天飞机和国际空间站上的食品特点,不正确的说法是(　　)。
   A. 冻干或密封的　　　　B. 耐储存的
   C. 方便的　　　　　　　D. 新鲜的

2. 不属于目前改进太空食品研究的是(　　)。
   A. 在太空种植蔬菜　　　B. 在太空直接烹调
   C. 改善储存方法　　　　D. 使用"食品复制机"

3. "想象力极端丰富的人总是容易钻进牛角尖",这句话的意思是(　　)。
   A. 想象力极端丰富的人总是喜欢钻在一个狭小的地方研究问题
   B. 想象力极端丰富的人总是固执地研究无法解决的问题
   C. 想象力极端丰富的人总是敢于向困难挑战
   D. 想象力极端丰富的人总是对解决难题充满信心

4. "人造肉"与真的肉相比,不同之处在于(　　)。
   A. 味道　　　　　　　　B. 营养
   C. 生产途径　　　　　　D. 组织结构

三、根据课文内容,判别正误。

1. 现在太空食品没有新鲜食品。 (　)
2. 食品复制机可以创造出无数口味的食品。 (　)
3. 用食品复制机制造食品没有烹调的乐趣。 (　)
4. 为防止疯牛病和禽流感,以后我们会越来越多选择人造肉。 (　)

四、根据课文内容,回答问题。

1. 现在的太空食品是什么样的?
2. 埃里克·波纳博正在研究什么?
3. 食品复制机有什么样的潜力?
4. "人造肉"有什么特点?

第四课

海底核电厂

　　日前,新加坡经济战略委员会提出,将研究岛国的核能发电,相关委员会也正探讨在新加坡本岛西南20公里处建造海底核电厂的可行性。新加坡总理表示,预计在他有生之年,新加坡将建核电厂。近来在本地建造核电厂课题引起民众关注。大多数人认为具有战略意义,但是仍对建造海底核电的必要性和可行性,尤其是安全性存有误解和疑虑。

　　核电站是将受控核裂变所释放出能量转化为高温蒸汽内能,并推动蒸汽轮机发电。核电的技术、设备已日渐完善,全球应用比重正在上升。核能发电具有明显的优点:第一、核能发电运作稳定,技术稳定性强,不受石化能源资源地域和运输的影响,没有价格浮动的风险。与太阳能、风能等清洁能源相比,核能发电的造价较低,因而也没有易受自然环境变化影响的弊端。第二、与运用化石燃料的火力发电相比较,核电算是低碳排放,它对大气的污染程度较低。第三、核电总体的运行成本较低。第四、现代的核电站技术较成熟,监控严密,发生核辐射泄漏、爆炸事故的可能性极小。

　　另一方面,核能发电的弊端也不容忽视。第一、投资成本高,造价需几十亿元,建造周期长;管理水平和技术装备要求十分严格。第二、核能并非完全清洁能源,尤其是核废料的处置,需要采用地底和深海掩埋法,这样,核辐射的危害是否将为人类下一代留下祸根,值得审视。第三、核电厂易成为攻击目标,保安监测要求很高。

　　综合考虑核电站的优缺点,在新加坡建设核电站应考虑以下因素:一、海底核电厂或浮动式核电设施与陆上核电厂有所不同,目前海底核或浮动式电厂成功和稳定运作实例尚不多。投资更高,运作技术性要求更加严格。核电反应堆、发电机、零部件等都需要密封在耐压舱内,建筑设施和各种材料都必须耐高压、耐腐蚀,密封性能高,而且在海底进行作业和维修难度较大。二、拟建海底核电厂的新加坡西南部水域虽离本岛20公里,但对于该海域地质环境是否稳固,对航道以及对海洋生态有无重大影响等问题,尚待通过深入勘测和监察作出回答。三、目前新加坡核电方面技术人才紧缺,如果建设核电站,可能需要依靠大量外来技术专家,可能受制于他人。四、在新加坡领海域内建造核电设施,也需考虑到邻国的反应和国际监察,以及可能的合作开发等事项。五、需要充分比较其他清洁能源,如太阳能、海水潮汐发电等在新加坡应用的可行性,多方面论证应用核电的优势和建造核电的必要性和可行性。此外,日后对公众也需要多方进行核电基本常识方面的教育,消除人们的疑虑。六、建立海底核电站是大型工程,为更有效取得可行性认证,建议可由核电专家和设定投资建造工程发展商,在适当地点,预先设立模拟小型的核电试验站,积累实际研发参数和数据,再行建设正式核电厂。

岛国发展核能发电仍在可行性研究阶段,但它关系到岛国未来长远发展,牵涉成本核算、经济效益、安全监管、技术管理、环保等重大课题,必须严密认证,深思熟虑,谨慎决策。

(选编自《联合早报》2010-11-09 作者:杨松坚,
原题:建造海底核电厂之利弊和疑虑)

练 习

一、下面每个句子都有一个画线的词语,A、B、C、D 四个答案是对这一画线的词语的不同解释,请根据课文内容选择最接近该词语的一种解释。

1. <u>相关</u>委员会也正探讨在新加坡本岛西南20公里处建造海底核电厂的可行性。
   A. 相当　　　　B. 有关　　　　C. 相同　　　　D. 相似

2. 核电的技术、设备已日渐完善,全球应用<u>比重</u>正在上升。
   A. 比较　　　　B. 比试　　　　C. 重心　　　　D. 比例

3. 与运用化石燃料的火力发电相比较,核电算是低碳<u>排放</u>。
   A. 排出　　　　B. 排队　　　　C. 放开　　　　D. 排除

4. 核废料的<u>处置</u>,需要采用地底和深海掩埋法
   A. 处理　　　　B. 处方　　　　C. 处所　　　　D. 位置

5. 对于该海域地质环境是否稳固,对航道以及对海洋生态有无重大影响等问题,尚待通过深入勘测和监察作出回答。
   A. 监测　　　　B. 监狱　　　　C. 监管　　　　D. 监督

6. 它关系到岛国未来长远发展,牵涉成本核算、经济效益、安全监管、技术管理、环保等重大课题。
   A. 牵引　　　　B. 牵制　　　　C. 涉及　　　　D. 涉外

二、下面每个问题都有 A、B、C、D 四个答案,请根据课文内容选择唯一恰当的答案。

1. 下面哪一项不是核能发电的优点(　　)。
   A. 技术稳定性强　　　　B. 全球应用比重正在上升
   C. 发生事故的可能性极小　　　　D. 低碳排放

2. 下面哪一项不是核能发电的弊端(　　)。
   A. 投资成本高　　　　B. 不是完全清洁能源
   C. 易成为攻击目标　　　　D. 技术人才紧缺

3. 新加坡建设核电站,应考虑以下因素中的哪一项(　　)。
   A. 密封性　　　　B. 保安监测
   C. 设备　　　　D. 费用问题

4. 下面哪一项文中没有提到(　　)。
   A. 环保　　　　B. 安全监管
   C. 技术人才　　　　D. 物料获取

三、根据课文内容,判别正误。

1. 民众强烈反对建设核电站。　　　　　　　　　　　　(　　)
2. 新加坡很适合建设核电站。　　　　　　　　　　　　(　　)
3. 文中提到的核电站弊端多于其优点。　　　　　　　　(　　)
4. 新加坡已经计划好建设核电站。　　　　　　　　　　(　　)

四、根据课文内容,回答问题。

1. 新加坡为什么考虑建设核电站?
2. 新加坡的核电站专业人才是否充足?
3. 岛国因素对核电站的建设主要影响是什么?
4. 为什么核电站关系到新加坡未来长远发展?

第十二单元
环 保

第一课

芳香的污染

在有"香水之都"美誉的法国巴黎，一些大公司明令禁止职员使用香气浓烈的香水，旨在防止空气污染，提高工作效率。这一举措提醒人们注意到以往知之甚少的芳香污染。

芳香污染并不亚于香烟污染。与任何一种人造气味相比，自然界中弥足珍贵的是无色无味无臭的新鲜空气。因此，回归大自然，呼吸新鲜空气，成了一种难得的享受。在污浊的空气中，人们想出了各种办法，用香味来掩盖臭气，并进而大力开发芳香剂，说它有奇效，能提神醒脑，缓解精神压力，消除焦虑烦恼等等。殊不知这样以香压臭造成的"臭夹香"，却是加倍的污染。这些芳香剂[①]中的芳香分子与空气中的臭氧发生反应，会产生含有甲醛[②]的有毒物质。市场上关于各种香精的宣传语言，与其说是科学用语，不如说是商业用语。只要懂一点化学，我们可以轻而易举地鉴别出，它只不过是一种人工合成的化学物质。

作为清洁工作环境的举措之一，日本的一些公司在禁止吸烟后，又不得不禁止女职员在工作场合浓妆艳抹。这一方面是为避免过分打扮分散自己和周围同事的注意力；另一方面也是为了减少办公室内的芳香污染。根据美国的一项调查报告，大约15%的美国人对香味过敏，有不少人因无法忍受工作环境中的"香味污染"，竟然被迫辞职。

许多日常用品中也添加了芳香剂，这使人处处都受到芳香污染之害。像厕所、隐蔽的角落、橱柜、汽车、各种化妆品，甚至冰箱、电话、电扇、杀虫剂等都加进不少芳香剂，许多食品中也添加了芳香剂，无处不在的"香味污染"使人们无时无刻不处在芳香威胁之下，尤其是婴幼儿和妇女受危害更大。香水及化妆品中，有多种化学物质很容易挥发，空调则是传播途径之一。相对于纯净空气，香和臭都是污染。从生理角度而言，香和臭对人体器官的刺激是一样的，它们只是两种不同气味的极端而已。

为抵御"香味污染"对人的危害，美国社会活动家苏珊玛丽与一群志同道合③者在旧金山成立了一个环保组织,为推动各界广泛设立"无香味区"正在进行着积极的努力。当然,这里所谓的香味是指人工合成的,至于天然植物,如鲜花的芬芳不在此列。

环境科学家指出:清洁居室空气,最好的方法是消除怪味的来源,不要使用"空气清新剂"之类的化学产品,另外,保持室内空气通畅也是去除臭味的好办法。

(选编自《科学大观园》2004 年第 11 期,作者:夏之秋,原题:化学芳香的污染)

注 释

① 芳香剂(fāngxiāngjì, flavoring agent):带有香味儿的化学物质。
② 甲醛(jiǎquán, formaldehyde): 一种无色,有强烈刺激性气味的气体。
③ 志同道合(zhì tóng dào hé, in the same camp):志向相同,意见相合。

练 习

一、下面每个句子都有一个画线的词语,A、B、C、D 四个答案是对这一画线的词语的不同解释,请根据课文内容选择最接近该词语的一种解释。

1. 一些大公司禁止职员使用香气浓烈的香水,旨在防止空气污染,提高工作效率。

   A. 关键　　　　B. 目的　　　　C. 目标　　　　D. 根本

2. 这一举措提醒人们注意到以往知之甚少的芳香污染。

   A. 规定　　　　B. 规则　　　　C. 方法　　　　D. 措施

3. 芳香污染并不亚于香烟污染。

   A. 不高于　　　B. 不次于　　　C. 不重于　　　D. 不强于

4. 自然界中弥足珍贵的是无色无味无臭的<u>新鲜</u>空气。
   A. 清新　　　B. 崭新　　　C. 鲜艳　　　D. 新型

5. <u>殊</u>不知这样以香压臭造成的"臭夹香"，却是加倍的污染。
   A. 根本　　　B. 竟然　　　C. 特别　　　D. 从来

6. 保持室内空气<u>通畅</u>也是去除臭味的好办法。
   A. 痛快　　　B. 流通　　　C. 舒畅　　　D. 通行

二、下面每个问题都有 A、B、C、D 四个答案，请根据课文内容选择唯一恰当的答案。

1. 人们使用芳香剂,最初的目的在于(　　)。
   A. 提神醒脑　　　　　　B. 用香味来掩盖臭气
   C. 消除焦虑烦恼　　　　D. 缓解精神压力

2. 文章中没有提到使用芳香剂的是(　　)。
   A. 电话　　　B. 冰箱　　　C. 电扇　　　D. 洗衣机

3. 禁止女职员浓妆艳抹的国家是(　　)。
   A. 法国　　　B. 日本　　　C. 美国　　　D. 韩国

4. "无香味区"不排除(　　)。
   A. 茉莉花的香味　　　　B. 香水的香味
   C. 香精的香味　　　　　D. 除虫剂的香味

三、根据课文内容,判别正误。

1. 巴黎人不使用香水。　　　　　　　　　　　　　　　(　　)
2. 芳香剂能消除焦虑烦恼。　　　　　　　　　　　　　(　　)
3. "香味污染"不会危及儿童。　　　　　　　　　　　　(　　)
4. 15%的美国人因无法忍受"香味污染"主动辞职。　　　(　　)

四、根据课文内容,回答问题。

    1. 人们最初发明芳香剂是想用它发挥什么作用？

    2. 芳香剂有什么危害？

    3. 有些公司为什么禁止女职员在工作场合浓妆艳抹？

    4. 怎样清洁居室空气？

第二课

灰霾：日益加剧的城市公害

进入秋季以来，北至北京南至广州的中国大部地区，都遭遇到了越来越严重的"大雾"干扰：能见度急剧下降，交通堵塞严重，呼吸道感染等疾病频发。气象专家说，这种笼罩在城市上空、形似锅盖的"大雾"，并不是我们平时所说的"雾"，而是一种"灰霾"，它对人的健康危害比"雾"造成的还大，值得我们警惕。

作为一种自然现象，灰霾的形成主要有三方面因素：

一是水平方向静风现象的增多。近年来随着城市建设的迅速发展，大楼越建越高，这增大了地面摩擦系数，使风经过城区时明显减弱。静风现象增多，极不利于大气污染物向城区外围扩展稀释，并容易在城区内积累高浓度污染。

二是垂直方向的逆温现象。逆温层好比一个锅盖盖在城市上空，使上空出现了高空比近空气温更高的逆温现象。在正常气候条件下，污染物会从气温高的近空向气温低的高空扩散，逐渐循环排放到大气中。但是在逆温情况下，近空的气温反而更低，导致污染物滞留在近空，不能排放出去。

三是近些年来随着工业的发展，污染物排放和城市悬浮物大量增加。大量悬浮物直接导致了能见度降低，使得整个城市看起来灰蒙蒙一片。灰霾导致城市空气浑浊，能见度降低，对都市生活的危害越来越大。

灰霾日趋严重导致空气污染加剧，严重危害到都市人身体健康。灰霾的组成成分非常复杂，包括数百种大气颗粒物，其中有害人类健康的主要是直径小于10微米的气溶胶粒子，它们能直接进入并黏附在人体上、下呼吸道和肺叶中，被人体呼吸道吸入，并沉积于上、下呼吸道和肺泡中，引起鼻炎、支气管炎等病症；长期处于这种环境的人甚至可能患上肺癌。

此外，由于太阳中的紫外线是促使人体合成维生素D的唯一途径，灰霾会造成紫外线辐射减弱，直接导致小儿佝偻病高发。另外，紫外线是自然界杀灭大气微生物如细菌、病毒等的主要武器，灰霾天气导致近地层紫外线的减弱,易使空气中的传染性病菌的活性增强,提高人的患病概率。

灰霾天的危害甚至要比沙尘暴还大。因为灰霾中的可吸入颗粒对人体健康造成严重威胁,而沙尘暴的主要物质则是大颗粒的气溶胶,难以被人体直接吸收。近年来城市病有上升的趋势,灰霾天气是罪魁祸首。

(选编自《中国环境报》)

注　释

① 霾(mái,haze):大量烟、尘等微粒悬浮而形成的浑浊现象。
② 能见度(néngjiàndù,visibility):物体能够被清楚的识别的最大距离。

练　习

一、下面每个句子都有一个画线的词语,A、B、C、D 四个答案是对这一画线的词语的不同解释,请根据课文内容选择最接近该词语的一种解释。

1. 能见度<u>急剧</u>下降,交通堵塞严重,呼吸道感染等疾病频发。
　　A. 常常　　　B. 急速　　　C. 急忙　　　D. 多次

2. 污染物会从气温高的近空向气温低的高空<u>扩散</u>。
　　A. 扩展　　　B. 扩张散发　　C. 扩大分散　　D. 扩充

3. 灰霾导致城市空气<u>浑浊</u>,能见度降低,对都市生活的危害越来越大。
　　A. 混乱　　　B. 混淆　　　C. 混杂　　　D. 混浊

4. 灰霾<u>日趋</u>严重导致空气污染加剧,严重危害到都市人身体健康。
　　A. 日常　　　B. 日历　　　C. 日益　　　D. 每日

5. 它们能直接进入并<u>黏附</u>在人体上下呼吸道和肺叶中。
　　A. 黏合　　　B. 粘连　　　C. 粘贴　　　D. 黏着

6. 近年来城市病有上升的趋势,灰霾天气是罪魁祸首。
   A. 主要原因　　B. 罪犯　　C. 首长　　D. 罪证

二、下面每个问题都有A、B、C、D四个答案,请根据课文内容选择唯一恰当的答案。

1. 关于"灰霾"对人们的日常生活的影响,文章中没有谈到(　　)。
   A. 城市能见度急剧下降　　B. 呼吸道感染等疾病频发
   C. 交通堵塞严重　　D. 降雨明显减少

2. 灰霾的形成的主要因素不包括(　　)。
   A. 水平方向静风现象的增多
   B. 污染物排放和城市悬浮物大量增加
   C. 沙尘暴越来越多
   D. 垂直方向的逆温现象

3. 灰霾天的危害甚至要比沙尘暴还大,主要是因为(　　)。
   A. 灰霾中的可吸入颗粒更大
   B. 灰霾中的可吸入颗粒可以被人体直接吸收
   C. 灰霾中的可吸入颗粒有毒性
   D. 灰霾中的可吸入颗粒更多

4. 沙尘暴的主要物质是(　　)。
   A. 小颗粒气溶胶　　B. 大颗粒气溶胶
   C. 有机气溶胶　　D. 矿物颗粒物

三、根据课文内容,判别正误。

1. 灰霾主要出现在中国北方。　　　　　　　　　　　　　(　　)
2. 灰霾是不可能防治的。　　　　　　　　　　　　　　　(　　)
3. 灰霾严重的地区,人们甚至可能得肺癌。　　　　　　　(　　)
4. 灰霾导致紫外线辐射减弱。　　　　　　　　　　　　　(　　)

四、根据课文内容,回答问题。

1. 灰霾为什么会使交通严重堵塞?
2. 灰霾是如何形成的?
3. 灰霾对人类身体健康有何影响?
4. 为什么说灰霾天的危害比沙尘暴还大?

第三课

谁来清扫太空垃圾?

发展与保护,是一对永恒的矛盾。近几十年,人类社会一直保持着前所未有的高速发展,与此同时,地球的生态环境也遭遇到史无前例的高速破坏。森林、草原面积的急剧缩减,工业垃圾的肆意排放,导致全球气温持续上升,南极臭氧层空洞不断扩大,因气候变化引发的干旱、洪涝、飓风①等自然灾害越来越多、越来越重。切肤之痛终于唤醒了地球村越来越多的村民,珍爱地球、保护环境、限制排放、制止掠夺性开发的呼声,终于汇成响彻全球的强音,并在许多地区化为实际行动。

可是,就在不少地区的人们为天空重新变蓝、河水还原清澈而努力的时候,一种新的威胁又悄然袭来。最近美国的科学家发出了警告:已有5500吨太空垃圾围困着地球!

这些垃圾,既非"上帝"的馈赠②,也不是什么"天外来客",而全部是人类自己的"杰作"——航天事业的副产品。废弃的卫星、剥落的隔热瓦、燃料舱的残片,等等,光是直径超过10厘米的物体就有9000块之多!小于10厘米的则不计其数③。与地球垃圾不同的是,这些太空垃圾全是"活"的,昼夜不停地漂浮在地球轨道上,而且随着航天事业的发展,它们的队伍也在同步壮大。电脑模拟显示,如果从现在起人类不再发射任何火箭,太空垃圾的数量在2055年之前会保持稳定,之后则呈上升趋势,在未来两个世纪里,直径超过10厘米的太空垃圾将从目前的9000块增加到1.1万块。

人类未来的太空旅行和正常工作的卫星,越来越受到这些太空垃圾的威胁。也就是说,保不准哪天,遨游九天的飞行器、传送信号的卫星,就被这些怪物撞上了。而有关专家分析指出,2003年初在返航中解体坠毁的美国"哥伦比亚号"航天飞机出事的原因之一,可能就是被一块微型陨石或太空垃圾击中了。更让人揪心的是,直到目前,制造这些"怪物"的人类还没有想出清扫它们的有效办法。

太空垃圾再次提醒人类:任何发展都是要付出代价的。我们已经在地球上吃过一次"先发展、后治理"的苦头,难道还要到太空中重走一次弯路吗？如果闹到卫星经常被撞、航天飞机(船)频繁出事的地步再想办法,那代价可就太大了。世界头号大国——美国,实际上是太空垃圾的主要制造者,由其率先担当"太空清道夫④",恐怕是责无旁贷吧。

(选编自《人民日报》2006-02-02,作者：吴酩)

注 释

① 飓风（jùfēng, hurricane）：泛指具有狂风和任何热带气旋以及风力达12级的大风。
② 馈赠(kuìzèng, make a present of)：赠送。
③ 不计其数(bùjìqíshù, beyond count)：没法计算数目。形容很多。
④ 清道夫(qīngdàofū, street sweeper)：旧时称城市的清洁工,现指扫除障碍的人。

练 习

一、下面每个句子都有一个画线的词语,A、B、C、D四个答案是对这一画线的词语的不同解释,请根据课文内容选择最接近该词语的一种解释。

1. 近几十年,人类社会一直保持着<u>前所未有</u>的高速发展。
   A. 未来　　　B. 所谓　　　C. 原来就有　　　D. 从来没有

2. 工业垃圾的<u>肆意</u>排放,导致全球气温持续上升。
   A. 有意　　　B. 任意　　　C. 故意　　　D. 用意

3. 保不准哪天,<u>遨游</u>九天的飞行器、传送信号的卫星,就被这些怪物撞上了。
   A. 游泳　　　B. 煎熬　　　C. 漫游　　　D. 游行

4. 更让人揪心的是,直到目前,制造这些"怪物"的人类还没有想出清扫它们的有效办法。
   A. 当心　　　　B. 操心　　　　C. 担心　　　　D. 关心

5. 由其率先担当"太空清道夫",恐怕是责无旁贷吧。
   A. 贷款　　　　B. 推卸　　　　C. 借贷　　　　D. 租赁

二、下面每个问题都有A、B、C、D四个答案,请根据课文内容选择唯一恰当的答案。

1. 关于地球上的环境问题,文章中没有提到(　　)。
   A. 工业垃圾　　　　　　　B. 全球气温持续上升
   C. 飓风　　　　　　　　　D. 台风

2. 太空垃圾是(　　)。
   A. "上帝"的馈赠　　　　　B. 空中怪物
   C. "天外来客"　　　　　　D. 航天事业的副产品

3. 如果从现在起人类不再发射任何火箭,再过五十年,直径超过10厘米的太空垃圾将达到(　　)。
   A. 9000块　　　B. 11000块　　　C. 5500吨　　　D. 2055吨

4. 关于太空垃圾,正确的说法是(　　)。
   A. 它和地球垃圾一样多
   B. 美国已经担当"太空清道夫"
   C. 目前人类已有清扫它们的有效办法
   D. 随着航天事业的发展,还会进一步增加

三、根据课文内容,判别正误。

1. 珍爱地球、保护环境、制止掠夺性开发可以防止太空垃圾出现。(　　)
2. 通信卫星可以避免遭遇太空垃圾。(　　)
3. 美国"哥伦比亚号"航天飞机正是因被太空垃圾击中而出事。(　　)
4. "先发展、后治理"的道路不可避免地还要在太空中重走一次。(　　)

四、根据课文内容,回答问题。

1. 太空垃圾是怎么产生的?
2. 治理太空垃圾和地球垃圾有什么区别?
3. 治理太空垃圾最主要的问题是什么?
4. 太空垃圾对地球上的人类会有什么影响?

第四课 现代人正进入"第三污染时期"

在世界卫生组织公布的《2002年世界卫生报告》中,室内烟尘与高血压、胆固醇①过高症及肥胖症等被共同列入人类健康的十大威胁之中。报告指出,尽管空气污染物主要存在于室外,但是人们长期生活在室内,因此人们受到的空气污染主要来源于室内空气污染。

继"煤烟型"污染和"光化学烟雾型"污染后,现代人正进入以"室内空气污染"为标志的第三污染时期。

据统计,全球近一半的人处于室内空气污染中。35.7%的呼吸道疾病,22%的慢性肺病和15%的气管炎、支气管炎和肺癌是由室内环境污染引起的。

调查表明,现代人平均有90%的时间生活和工作在室内,65%的时间在家里。而现代城市中室内空气污染的程度则比室外高出数倍!更令人担忧的是,儿童比成年人更易受到室内空气污染的危害。专家推测,室内装修材料中的有害物质可能是小儿白血病的致病诱因。

综合调查显示,建筑及装饰材料、通风空调系统、办公设备和家用电器等是室内空气质量最主要的"隐性杀手"。

建筑物自身也可能成为室内空气污染的罪魁祸首。一是建筑施工中加入的化学物质,二是由地下土壤和建筑物中石材、地砖、瓷砖中的放射性物质形成的氡②,这是一种天然放射性气体,对人体危害极大。

随着越来越多的现代化办公设备和家用电器进入室内,由此产生的空气污染、噪声污染、电磁波及静电干扰、紫外线辐射等给人们的身体健康带来不可忽视的影响。空调在现代生活中日益普及,造成人体、房间和空调机最后在室内形成一个封闭的循环系统,极有利于细菌、病毒、霉菌等微生物的繁殖。

另外,做饭和吸烟等室内燃烧和人体自身的新陈代谢及各种生活废弃物的挥发③也是室内空气污染的来源。厨房中的油烟和香烟中的烟雾成分极其复杂,目前已经分析出3800多种物质。其中许多物质具有致癌性。

人在室内活动,除化妆、灭虫等活动会造成空气污染外,人体本身也通过呼吸道、皮肤、汗腺排出大量的污染物,因此房间内人数过多时,会使人疲倦、头昏,甚至休克④。

(选编自《中国剪报》)

注　释

① 胆固醇(dǎngùchún, cholesterol)：动物组织细胞所不可缺少的重要物质。

② 氡(dōng, radon)：一种稀有气体。

③ 挥发(huīfā, volatilization)：液体成分在没有达到沸点的情况下成为气体分子逸出液面。

④ 休克(xiūkè, shock)：各种强烈致病因子作用于机体,引起的急性循环衰竭。

练　习

一、下面每个句子都有一个画线的词语,A、B、C、D四个答案是对这一画线的词语的不同解释,请根据课文内容选择最接近该词语的一种解释。

1. 室内烟尘与高血压、胆固醇过高症及肥胖症等被共同<u>列</u>入人类健康的十大威胁之中。

   A. 录　　　　B. 载　　　　C. 记　　　　D. 抄

2. 人们受到的空气污染主要<u>来源于</u>室内空气污染。

   A. 起源于　　B. 发源于　　C. 来自于　　D. 根源于

3. 现代人正进入以"室内空气污染"为标志的第三污染时期。
   A. 标准   B. 标示   C. 特征   D. 标号

4. 据统计,全球近一半的人处于室内空气污染中。
   A. 靠近   B. 临近   C. 将近   D. 邻近

5. 专家推测,室内装修材料中的有害物质可能是小儿白血病的致病诱因。
   A. 原因   B. 诱惑   C. 引诱   D. 因素

6. 家用电器等是室内空气质量最主要的"隐性杀手"。
   A. 隐居   B. 看不起   C. 看不来   D. 看不见

二、下面每个问题都有 A、B、C、D 四个答案,请根据课文内容选择唯一恰当的答案。

1. 关于《2002 年世界卫生报告》中人类健康十大威胁,文中没提到的是（   ）。
   A. 高血压   B. 肥胖症
   C. 胆固醇过高症   D. 心脏病

2. 以下哪一项是第三污染时期的标志（   ）。
   A. 煤烟污染   B. 室内空气污染
   C. 光化学烟雾污染   D. 噪音污染

3. 专家推测,小儿白血病的致病诱因是（   ）。
   A. 空调   B. 室内燃烧物
   C. 化妆品   D. 室内装修材料中的有害物质

4. 本文主要介绍（   ）。
   A. 室内空气污染的危害   B. 室内空气污染的类型
   C. 室内空气污染的预防   D. 室内空气污染的来源

三、根据课文内容,判别正误。

1. 空气污染主要存在于城市室外。　　　　　　　　　（　）
2. 空气污染可以导致胆固醇过高症和休克。　　　　　（　）
3. 肺癌主要由建筑材料中的有害气体引起。　　　　　（　）
4. 厨房油烟中的成分大多有害。　　　　　　　　　　（　）

四、根据课文内容,回答问题。

1. "第三污染时期"之前是什么类型的污染为主?
2. 空气污染和人们的生活方式有关系吗?请举例说明。
3. 你在生活中使用的哪些日用品可能导致空气污染?
4. 为什么建筑物自身也可能成为室内空气污染的罪魁祸首?

第十三单元
生 活

第一课

人为什么会说口头禅①

"真没劲"、"烦死了"、"有没有搞错"……日常生活中,这些口头禅时常灌进我们的耳朵。有的口头禅表现得比较主观、骄傲,相反,有的口头禅则委婉、谦虚。那么,挂在嘴边的口头禅到底反映了人们什么样的心理呢?

口头禅是人内心中对事物的一种看法,是外界的信息经过内心的心理加工,形成了一种固定的语言反应模式,以至于出现类似的情形时,它就会脱口而出。

口头禅作为一种下意识的表现,它可以帮助我们去认识一个人。因为口头禅反映了人的一种情绪,人当时的一种心态,同时也间接地反映了一个人的性格。

口头禅的形成无外乎两个原因:重大事件对人的影响和积累效应的结果。譬如,一个满腔热情的年轻人真挚地投入到恋爱中,爱情欺骗了他,当他失恋后,可能在一段日子里他会对爱情嗤之以鼻②,他的口头禅也许就是:"爱情这东西,都是扯淡!"而当一个人多次遇到同样的情况后,积累效应就会在他的口头禅中得以展现。如果在生活中多次遇到见死不救、坑蒙拐骗③,那么也就不难理解为什么会有"现在的人啊,和以前没法比!"这样的口头禅了。

积极的口头禅催人奋进,而有些口头禅则带有消极的意味。那么是不是这些看似消极的口头禅一定就是不好的呢?答案是否定的。现在人们流行把"郁闷"一词挂在嘴上,难道真的是事事郁闷、处处郁闷吗?其实这不过是因为现代人生活压力大,心态变化快,通过这样的口头禅来倒倒苦水,让心理有一个舒缓、宣泄的通道,这样,反倒更有益于人们的心理健康。

而学生们每逢考试老爱把"这下可死定了"挂在嘴边。其实,这是出于人的一种心理防御机制。心理防御机制就是人在面对挫折或冲突时,常常自觉或不自觉地调整心理状态,使自己较容易接受现实,不至于引起心理上过大的紧张和痛苦,以保护心理安宁的一种方式。学生们先将情况估计得更糟些,通过口头禅来强化,当现实情况可能并不那么糟糕时,也就能及时得到心理安慰了。这可被视为自我心理疗伤。

　　别小看了简单的几句口头禅,家长通过关心孩子的口头禅,企业领导倾听下属的口头禅,朋友、同事间重视口头禅都能发现其背后隐藏着的心理问题,以小见大,对心理问题及早干预解决。

(选编自《北京科技报》2006-3-2,原题:口头禅:间接反映人的性格)

注　释

① 口头禅(kǒutóuchán,tag):原指和尚常说的禅语或佛号。现指经常挂在口头上而无实际意义的词句。
② 嗤之以鼻(chī zhī yǐ bí,give a snort of contempt):用鼻子发出像冷笑的声音,表示瞧不起。
③ 坑蒙拐骗 (kēng mēng guǎi piàn,cheat): 用欺骗的手段骗别人的钱财。

练　习

一、下面每个句子都有一个画线的词语,A、B、C、D四个答案是对这一画线的词语的不同解释,请根据课文内容选择最接近该词语的一种解释。

　　1. 日常生活中,这些口头禅时常<u>灌</u>进我们的耳朵。
　　　A. 流入　　　B. 进入　　　C. 录入　　　D. 浇入

　　2. 口头禅作为一种<u>下意识</u>的表现,它可以帮助我们去认识一个人。
　　　A. 有意识　　B. 无意间　　C. 潜意识　　D. 好意识

　　3. 口头禅的形成<u>无外乎</u>两个原因:重大事件对人的影响和积累效应的结果。
　　　A. 只不过　　B. 无怪乎　　C. 大致有　　D. 不包括

4. 通过这样的口头禅来<u>倒倒苦水</u>,让心理有一个舒缓、宣泄的通道。
   A. 说说苦处　　　　　　B. 做做苦工
   C. 尝尝苦头　　　　　　D. 表表苦心

5. 而学生们每<u>逢</u>考试老爱把"这下可死定了"挂在嘴边。
   A. 见　　　B. 次　　　C. 场　　　D. 遇

6. 企业领导<u>倾听</u>下属的口头禅,朋友、同事间重视口头禅都能发现其背后隐藏着的心理问题。
   A. 倾诉　　　B. 倾谈　　　C. 倾吐　　　D. 认真听取

二、下面每个问题都有 A、B、C、D 四个答案,请根据课文内容选择唯一恰当的答案。

1. 有人失恋后形成口头禅"爱情这东西,都是扯淡"是因为(　　)。
   A. 他满怀热情　　　　　　B. 他的感情很真挚
   C. 他太投入　　　　　　　D. 他因被骗而受到打击

2. 关于口头禅,不正确的说法是(　　)。
   A. 口头禅可以反映一个人的性格
   B. 口头禅表达了说这句话时人的心态
   C. 口头禅反映了人的一种情绪
   D. 口头禅都比较主观骄傲

3. 形成口头禅的原因不包括(　　)。
   A. 生活中发生的重大事件对人的影响
   B. 同样的情况对人的影响
   C. 一个人能及时得到心理安慰
   D. 一个人多次遇到同样的情况

4. 这篇文章说明( )。
   A. 每个人的口头禅都是固定不变的
   B. 我们应该从一个人的口头禅来发现他的心理
   C. 口头禅很重要
   D. 学生总是把事情预计得很糟

三、根据课文内容,判别正误。

1. 口头禅和人的心理有关。 ( )
2. 口头禅都是在人无意识的情况下说出的。 ( )
3. 现在的人们可真的是事事郁闷、处处郁闷啊! ( )
4. 人们的口头禅都是消极的。 ( )

四、根据课文内容,回答问题。

1. 口头禅形成的原因有哪几个?
2. 积极的口头禅和消极的口头禅对人各有什么作用?
3. 学生们每逢考试总说"这下可死定了",是什么意思?表达了怎样的心理?
4. 消极的口头禅一定不好吗?

第二课

"打哈欠"会传染

调查显示,人们在睡前打哈欠的平均次数,比睡醒后打哈欠的次数少得多;睡前伸懒腰的次数也比睡醒后伸懒腰的次数少得多。所以,累、困都不是打哈欠的主要原因。

是不是因为血液中的氧气不够多,才需要打个哈欠,把空气吸进来补充氧气呢?这个说法也是错误的,实验显示,人们在含二氧化碳多的环境里打哈欠的次数,并不比在正常的环境中多。

很多时候,人打哈欠是因为无聊。但是,过于紧张也会让人打哈欠,即将上台表演的音乐家或演讲者,常常以打哈欠来缓解紧张。

打哈欠是一个人人都会、一旦启动就无法中途停止的动作。最近的一项研究指出,通过超声波扫描,可以看到胎儿在母亲肚子里打哈欠的影像。可见,打哈欠是我们生来就会的行为,是个无意识的反射动作。

人类并不是唯一打哈欠的物种。几乎所有动物都会打哈欠。猫睡前睡后哈欠连连,一副自我感觉良好的样子;蜷伏①在草丛里一动不动的蛇,常常打完哈欠再行动;水中的河马会先打个哈欠,之后再从水中走出来;狮子吼人人皆知,其实,狮子也只不过是打个哈欠罢了;大大小小的猩猩都会打哈欠,有的还会用手盖住嘴巴,以免被别的猩猩误解为侵略行为。

光是看到、听到或想到打哈欠,就可以让人真的打起哈欠来,我们对其中原因知之甚少。这些年来有许多的理论想要解释这种现象。从种种证据看来,打哈欠应该是在生物进化的过程中发展得相当早的行为,它的生物特性十分明显:看见别人打哈欠,自己免不了也"哈欠"一下,其实就是有的生态学家所说的符号刺激和动作释放的关系。有的研究者也认为,哈欠的传染性可能来自于意识状态属性中的移情作用。他们的意思是说,人们在打哈欠时下意识地彼此模仿。越来越多的研究者相信,打哈欠的感染机制和动物模仿行为的神经机制有关系。

最近,科学家通过对磁共振造影②影像的研究,发现打哈欠时的脑部活动区和我们表示同情时的脑活动区域是一致的。也就是说,打哈欠的"传染"现象,可能代表了一种无意识的心智模仿。由于人们还没有找到打哈欠为何具有感染力的确切原因,因此,这个问题至今仍然是个谜。

(选编自《青年参考》2006-3-8)

注 释

① 蜷伏(quánfú, curl up):弯曲身体卧着。
② 磁共振造影(cígòngzhèn zàoyǐng, Magnetic Resonance Imaging, MRI):医学上一种检测手段。

练 习

一、下面每个句子都有一个画线的词语,A、B、C、D 四个答案是对这一画线的词语的不同解释,请根据课文内容选择最接近该词语的一种解释。

1. <u>过于</u>紧张也会让人打哈欠。
   A. 过量　　　B. 过早　　　C. 过分　　　D. 过渡

2. 打哈欠是一个人人都会、一旦启动就无法<u>中途</u>停止的动作。
   A. 半路　　　B. 中止　　　C. 中断　　　D. 路途

3. 蜷伏在草丛里<u>一动不动</u>的蛇,常常打完哈欠再行动。
   A. 动一动　　B. 移动　　　C. 动不动　　D. 不动

4. 狮子<u>吼</u>人人皆知,其实,狮子也只不过是打个哈欠罢了。
   A. 呼　　　　B. 叫　　　　C. 喊　　　　D. 唱

207

5. 光是看到、听到或想到打哈欠,就可以让人真的打起哈欠来,我们对其中原因知之甚少。
   A. 多　　　　B. 还　　　　C. 不　　　　D. 很

6. 从种种证据看来,打哈欠应该是在生物进化的过程中发展得相当早的行为。
   A. 几种　　　B. 各种　　　C. 这种　　　D. 种类

二、下面每个问题都有A、B、C、D四个答案,请根据课文内容选择唯一恰当的答案。

1. 人打哈欠是因为(　　)。
   A. 累　　　　　　　　B. 困
   C. 缺氧　　　　　　　D. 无聊

2. 马上上台表演的人打哈欠是因为(　　)。
   A. 他们感到无聊　　　B. 想放松一下紧张的情绪
   C. 表演对他们很容易　D. 不知道原因

3. 打哈欠时会用手盖住嘴巴的动物是(　　)。
   A. 河马　　　　　　　B. 猩猩
   C. 狮子　　　　　　　D. 猫

4. 这篇文章谈到了(　　)。
   A. 打哈欠是因为缺氧
   B. 只有人类会打哈欠
   C. 打哈欠人人都会
   D. 人睡前和睡醒后打哈欠的次数差不多

三、根据课文内容,判别正误。

1. 打哈欠我们天生就会。　　　　　　　　　　　　　　　(　　)
2. 猩猩在准备侵略别的猩猩之前都会打哈欠。　　　　　　(　　)

3. 如果一个地方的二氧化碳比平常多的话,人会容易打哈欠。　（　）
4. 人们打哈欠为何具有感染力现在还一点也不知道。　　　（　）

四、根据课文内容,回答问题。

    1. 为什么说累和困不是打哈欠的主要原因？
    2. 怎么知道我们天生就会打哈欠？
    3. 为什么说打哈欠应该是在生物进化的过程中发展得相当早的行为？
    4. 说说研究者关于打哈欠传染的研究成果。

第三课

舞蹈天赋与社交有关

有些人天生就擅长跳舞,而另外一些人对此却是一点儿也不开窍。这是为什么呢?答案或许就藏在遥远的冰河时代。

以色列研究人员的一项最新研究结果显示,跳舞的能力可能曾是我们史前祖先得以生存的一个因素。在生存条件艰苦的时期里,他们借此来维系彼此间的交流和联系。

研究显示,作为早期人类进化的结果,现今那些富有创造性的舞蹈家事实上都拥有两个特殊的基因。而这两种基因都和成为出色的社会交流者的倾向联系在一起。科学家们相信,这给予了那些协作性好的、有节奏感的早期人类一个特殊的进化优势。

舞蹈,像音乐一样,是一种可以追溯到史前时期的活动。有时,它是一种宗教仪式,有时又作为一种信息交流的形式,还有的时候它是一种重要的社交或求爱的行为。不同个体之间之所以在舞蹈天赋、嗜好等方面存在着诸多不同,共有的基因有所区别可能是其中的部分原因。

研究过程中,研究人员从85名出色的舞蹈家及其父母身上提取了DNA,并将其与一组普通人和一组运动员的DNA进行了对比。结果显示,这些基因并未控制着一种特殊的身体能力,但是它们却控制着身体中两种已知的和社交及行动能力相关的化学物质。

就像研究人员所猜测的,在舞蹈家体内这两种化学物质含量明显较多。换句话说就是,尽管出色的舞蹈家的身体类型和其他人没什么不同,但他们体内特殊的基因却让他们更加社会化。

对于舞蹈在人类进化史上的重要作用,各国科学家都有着非常深刻的认识。英国雷丁大学的考古学家史蒂文·米森表示,这种天生的能力在史前时期可谓至关重要。他说:"在冰河时代①的最后时期,相互间的协作是生存下来的必要条件。而通过一起跳舞唱歌所形成的紧密的社会关系则会促进人们的合作。"在他的新书《唱歌的穴居人:音乐、语言、思想及身体的起源》中,米森还提出,由于舞蹈和音乐所具有的交流信息的力量,在早期人类刚会行走和说话的时候,它们很可能就成为了一种社会交互作用的重要工具。

(选编自国际在线,作者:王高山,原题:
科学家揭秘舞蹈基因,让人天生具备舞蹈天赋)

注 释

① 冰河时代(bīnghé shídài, ice age):地球曾经经历的一个时期,在新生代的第四世,距今大约 100 万年前,那时世界大陆有 32% 的面积为冰川掩盖。

练 习

一、下面每个句子都有一个画线的词语,A、B、C、D 四个答案是对这一画线的词语的不同解释,请根据课文内容选择最接近该词语的一种解释。

1. 有些人天生就擅长跳舞,而另外一些人对此却是一点儿也不<u>开窍</u>。
   A. 开通　　　B. 擅长　　　C. 领悟　　　D. 窍门

2. 跳舞的能力<u>可能</u>曾是我们史前祖先得以生存的一个因素。
   A. 得到　　　B. 可能　　　C. 以求　　　D. 能够

3. 不同个体之间之所以在舞蹈天赋、嗜好等方面存在着<u>诸多</u>不同。
   A. 各种　　　B. 许多　　　C. 一些　　　D. 诸如

4. 研究人员从 85 名<u>出色</u>的舞蹈家及其父母身上提取了 DNA。
   A. 好色　　　B. 优秀　　　C. 出名　　　D. 伟大

5. 这种天生的能力在史前时期<u>可谓</u>至关重要。
   A. 可以说是　B. 可以认为　C. 可见　　　D. 可能

6. 在冰河时代的最后时期,相互间的协作是生存下来的必要条件。
   A. 工作　　　　B. 和谐　　　　C. 合作　　　　D. 协同

二、下面每个问题都有 A、B、C、D 四个答案,请根据课文内容选择唯一恰当的答案。

1. 关于史前舞蹈,不正确的说法是(　　)。
   A. 它可以作为宗教仪式　　　B. 它可以作为社交活动
   C. 通过它可以交流信息　　　D. 通过它可以区别基因

2. 舞蹈家和运动员的基因不同之处在于(　　)。
   A. 控制运动的身体能力不同
   B. 只有两种化学物质不同
   C. 控制社交和行动能力相关的化学物质不同
   D. 没有什么不同

3. 关于史蒂文·米森的观点,正确的是(　　)。
   A. 从很早起人类就会跳舞了　　B. 舞蹈促进了人们的合作
   C. 舞蹈促进了人的语言　　　　D. 史前人都很喜欢跳舞

4. 这篇文章主要讲的是(　　)。
   A. 舞蹈的进化史
   B. 舞蹈和音乐的异同
   C. 舞蹈始于冰河时代
   D. 舞蹈家体内的特殊基因与社交有关

三、根据课文内容,判别正误。

1. 出色的舞蹈家都可以成为出色的社交家。　　　　　　　　(　　)
2. 史前时期舞蹈有时和宗教、社交联系在一起。　　　　　　(　　)
3. 有些人天生就擅长跳舞是因为体内基因与众不同。　　　　(　　)
4. 跳舞可以促进人和人之间的合作与交流。　　　　　　　　(　　)

四、根据课文内容,回答问题。

    1. 史前舞蹈有什么特点?

    2. 以色列研究人员是如何进行实验的?

    3. 以色列研究人员的实验结果说明了什么?

    4. 舞蹈在人类进化史上有什么重要作用?

第四课　人生第一个味道会给你长久的印象

你有没有想过为什么自己的孩子喜爱通心粉和奶酪①，而他最要好的朋友却更喜爱吃一碗热气腾腾的咖喱②菜花呢？答案也许在于他们还是待哺婴儿的时候父母喂给他们什么样的食物。美国Monell化学感官中心的研究报告说，在人生最初的7个月中的喂食经历可能对其喜爱或者厌恶某种食物起作用。

研究人员对比了分别采用可在市场购买的两种不同类型的婴儿食品喂养的婴儿。一种婴儿食品主要成分是标准的牛奶，另一种主要成分是水解③蛋白，因为婴儿更易吸收这种助消化的蛋白质。两种食品营养相当但味道迥异，以牛奶为主要成分的食品无味或有谷物味，而水解产物的味道让众多的成年人都无法接受，食后有一种酸苦的非常味道。

研究中，53名2周龄的婴儿被分别喂食两种婴儿食品7个月。第一组是只喂食标准食品而第二组只喂食水解食品。另外的一组采用组合喂食，喂食3个月水解食品，然后再喂食4个月的标准食品。因为婴儿在出生的前4个月很容易接受水解食品，所有的婴儿都愿意接受而不注意喂食的是哪种食品。

在研究结束的时候，所有的婴儿有机会喂食两种类型的食品。婴儿的行为和喂食的数量依赖于他们在此前7个月中所食用的那种食品。从没喂食水解食品的7月龄婴儿强烈拒食水解物。相比之下，习惯食用水解食品的婴儿在喂食和饮用水解食品时显得轻松快乐。

父母给他们的孩子喂食水解食品通常是很难的，因为他们认为这类食品的味道很坏。而现在研究结果显示，如果在婴儿3月龄的时候喂食水解食品，那么他们就会记住并喜欢这种味道了。这些早期的影响作用会在孩童时期甚至更长时间内持续形成食物偏爱。Monell实验室的早期研究指出，在婴儿期喂食水解食品的4至5岁的孩子比喂食其他婴儿食品的孩子更能接受与水解食品相关的酸味和香味的感官刺激。

最近的研究补充了这项研究，即关于如何让母乳喂养的婴儿认识味道。

因为在抚养期间,母乳喂养的婴儿所获得的味道经验来自母乳,而通过母乳传输给婴儿的味道是母亲的饮食产生的。Monell 实验室的研究人员认为,把这种由母亲的饮食味道产生的自然的早期味觉通过喂养传输给发育期的孩子的建议是可以接受和作为首选的。

　　由于食物偏好是在人生的初期形成,并延续到后来的孩童时期,因此,发育期孩子的饮食习惯是早在食用固体食物之前就形成了。

(选编自生物谷网)

注　释

① 奶酪(nǎilào,cheese):一种发酵的牛奶制品。
② 咖喱(gālí,curry):由多种香料调配而成的酱料。
③ 水解(shuǐjiě,hydrolyze):物质与水发生的复分解反应。

练　习

一、下面每个句子都有一个画线的词语,A、B、C、D 四个答案是对这一画线的词语的不同解释,请根据课文内容选择最接近该词语的一种解释。

1. 答案也许在于他们还是待<u>哺</u>婴儿的时候父母喂给他们什么样的食物。
   A. 吃　　　　B. 喂　　　　C. 养　　　　D. 哭

2. 两种食品营养相当但味道<u>迥异</u>。
   A. 没有不同　B. 基本相同　C. 差不多　　D. 完全不同

3. 水解产物的味道让众多的成年人都无法接受,食后有一种酸苦的<u>非常</u>味道。
   A. 不常　　　B. 异常　　　C. 反常　　　D. 失常

4. 这些早期的影响作用会在孩童时期甚至更长时间内持续形成食物偏爱。
   A. 偏好　　　B. 爱好　　　C. 喜爱　　　D. 偏差

5. 因为在抚养期间,母乳喂养的婴儿所获得的味道经验来自母乳。
   A. 培养　　　B. 保养　　　C. 抚育　　　D. 养护

6. 通过母乳传输给婴儿的味道是母亲的饮食产生的。
   A. 传送　　　B. 传染　　　C. 运输　　　D. 送给

二、下面每个问题都有A、B、C、D四个答案,请根据课文内容选择唯一恰当的答案。

1. Monell的研究人员是按(　　)对婴儿进行分组的。
   A. 婴儿的年龄　　　　　　B. 喂养的食品
   C. 婴儿的喜好　　　　　　D. 父母的意愿

2. 关于水解食品,正确的说法是(　　)。
   A. 只有7月龄的孩子喜欢吃　　B. 只有4月龄的孩子喜欢吃
   C. 4至5岁的孩子也喜欢吃　　　D. 婴儿更易吸收其中的蛋白质

3. 文中没有提到的是(　　)。
   A. 如何让母乳喂养的婴儿认识味道
   B. 牛奶比水解蛋白更有营养
   C. 孩子为什么喜欢不同口味的食品
   D. 人出生后7个月中的喂食经历决定了以后食物的偏好

4. 这篇文章主要讲的是(　　)。
   A. 有的孩子喜欢吃水解食品
   B. 孩子们在饮食方面都有偏爱
   C. 很多孩子的口味是在出生后最初的7个月形成的
   D. 水解食品的味道大人不喜欢

三、根据课文内容,判别正误。

  1. 很多父母都认为水解食品不好吃。   (　　)

  2. 人生最重要的阶段是出生后的 7 个月。   (　　)

  3. 以牛奶为主要成分的食品味道很多成年人都不喜欢。(　　)

  4. 从没喂食水解食品的 7 月龄婴儿不喜欢吃水解食品。(　　)

四、根据课文内容,回答问题。

  1. 为什么孩子饮食的喜好不同?

  2. Monell 化学感官中心的实验是如何进行的?

  3. 如何让母乳喂养的婴儿认识味道?

  4. 发育期孩子的饮食习惯是何时形成的?

第十四单元
神 秘

第一课

星座与迷信

晴朗的夜晚,满天繁星。不同时间,不同季节,人们会看到不同的星空。其实,这不是星星们在运动,而是地球自转及绕太阳公转使然。它们虽然明暗有别,间隔不等,但始终保持着整体固定的图形,千百年不曾变化,故称为"恒星"。据天文学家统计,一共约有六千颗肉眼可见的恒星。

在西方,从古巴比伦到古希腊,人们把天上的星星分别想象成不同的图案,用神话中的人物或动物命名,称为星座。1928年,国际天文学联合会为了天文学研究的方便,最终确定全天有88个星座,并以天球①上的经纬度②为界,将整个天空划分为88个区域。凡在某个区域里的天体,包括恒星、星云、星系等,一律以属于该区域的星座名称加上其他代码命名。如仙女座星系M31等。

无论东方西方,星宫或者星座,都只是为了识别这些星星而取的名称,从科学观点看来,并无任何实质上的含义。但在古时候,科学还不发达,人们总把一些看似神秘、难以捉摸的事物,归于神仙和上帝的意志,而人间却看不见神仙和上帝。他们想必都住在虚无缥缈的天庭之上。于是,天上星星的分布及变化便成为人们猜测神仙意志的依据。中国有所谓"天垂象,观吉凶"(《周易·系辞》)的说法,认为天文即"天纹",是天上显示的图像。西方国家则有一批职业人士,宣称自己能传递人神之间的信息,能从星象之中看出大到国家盛衰、小到个人祸福的各种事情,他们的这套技术称为"占星术"。

"占星术"中有一种说法,认为人出生的时候太阳正在哪一座行宫里运行,该人就属于这个星座,这个人一生的祸福、性格、能力、财富、情感等等就和这个星座有关。这是完全没有科学道理的。这些星座的名称,什么巨蟹、宝瓶等等看似神秘,其实只不过是古人的主观想象而已。其实每一个星座里的恒星彼此之间并无任何关联,也许远近相差几百上千光年,根本不存在与其名称相对应的实体。再说,全世界60多亿人口,按12个星座平均,属于同一星座的有5亿人,他们的性格、命运等等难道都是一样的吗?

早在200多年前,法国思想家伏尔泰就曾经说过:"迷信就是傻子遇到了骗子的结果。"我们不仅不要做傻子,更要拿起科学的武器,去揭穿骗子们玩弄的把戏③,崇尚科学,破除迷信。

(选编自《今晚报》,作者:苏宜)

注 释

① 天球(tiānqiú,celestial sphere):为研究天体位置和运动,天文学假想天体分布在以观测者为球心,以天限长为半径的球面上,这个球面叫做天球。
② 经纬度(jīngwěidù,latitude and longitude):经度和纬度。
③ 把戏(bǎxì,trick):骗人的手法。

练 习

一、下面每个句子都有一个画线的词语,A、B、C、D四个答案是对这一画线的词语的不同解释,请根据课文内容选择最接近该词语的一种解释。

1. 晴朗的夜晚,满天繁星。
 A. 繁琐的　　　B. 繁忙的　　　C. 繁多的　　　D. 繁华的

2. 人们总把一些看似神秘、难以捉摸的事物,归于神仙和上帝的意志。
 A. 捕捉　　　　B. 把握　　　　C. 掌握　　　　D. 预料

3. 西方国家则有一批职业人士,宣称自己能传递人神之间的信息。
 A. 宣言　　　　B. 宣示　　　　C. 声称　　　　D. 称赞

4. 这些星座的名称,什么巨蟹、宝瓶等等看似神秘,其实只不过是古人的主观想象而已。
 A. 好像　　　　B. 近似　　　　C. 相似　　　　D. 相像

5. 我们不仅不要做傻子,更要拿起科学的武器,去<u>揭穿</u>骗子们玩弄的把戏。

    A. 刺穿   B. 拆穿   C. 看穿   D. 说穿

6. 崇尚科学,<u>破除</u>迷信。

    A. 消除   B. 排除   C. 拆除   D. 破坏

二、下面每个问题都有 A、B、C、D 四个答案,请根据课文内容选择唯一恰当的答案。

1. 不同时间,不同季节,人们会看到不同的星空,原因是(   )。

    A. 星星们不会运动

    B. 星星们始终保持着整体固定的图形

    C. 我们看到的星星们明暗有别

    D. 地球每天都在自转并绕太阳公转

2. 天文学中关于星座划分的说法,不正确的是(   )。

    A. 对天体进行命名的原则是星座名称加上其他代码

    B. 同一星座的恒星彼此都会有一些关联

    C. 一共划分为 88 个星座

    D. 按天球的经纬度划分的区域

3. "占星术"出现的原因是(   )。

    A. 西方国家长期政教合一

    B. 有一批人具有传递人神之间的信息的能力

    C. 科学还不发达

    D. 天上显示的图像能预测个人的祸福和国家的盛衰

4. 作者对某些人通过星座来分析个人命运的态度是(   )。

    A. 强烈反对   B. 无所谓

    C. 区别对待   D. 积极支持

三、根据课文内容,判别正误。

1. 天文统计数字显示,人类肉眼能够看到的一共约有六千颗恒星。
（　　）
2. 星座是从 1928 年才开始确立的。（　　）
3. 会占星术的人能传递人神之间的信息。（　　）
4. 同一星座的人,他们的性格、命运等等也都应该很相似。（　　）

四、根据课文内容,回答问题。

1. 恒星的名字怎么得来的？
2. 国际天文学联合会如何划分星座？
3. "占星术"为什么不可信？
4. 伏尔泰的话是什么意思？

第二课

血型的科学与迷信

血液可以说是生命的载体,没有血液在体内的循环,新陈代谢①就不能进行,输送血液的机器——心脏一旦停止跳动,生命也就终结了。

在过去科学还不发达的年代,医生们以为治疗失血过多的病人,可以把别人的血输给他,但是这个方法有时候有效,有时候却会使病人突然死亡。究竟是什么原因呢?1902年,奥地利的病理学家兰特斯坦纳,通过无数次试验,终于发现血液分为O型、A型、B型和AB型等不同类型。不同类型的血是不能随便混合的。在输血时,O型、A型、B型都可以输给AB型,但AB型只能输给AB型而不能输给别的血型;O型可以输给A型和B型,但A型和B型却不能输给O型;而O型血只能接受O型血。

为了说明血型和输血的关系,人们做了一个通俗的比喻:O型血可以给任何血型的人输血,所以把O型血比喻为是最大公无私的;而AB型血只能给AB型的人输血,同时又可以接受任何血型的血,所以把AB型血比喻为是最自私自利的。其实,这只不过是在输血问题上对血液类型的比喻,绝不是说O型血的人的性格是最大公无私的,AB型血的人的性格是最自私自利的。一些没有科学知识的人,却把这个通俗的比喻加以描写,并以讹传讹②,于是就有了《血型与性格》、《血型与命运》、《血型与爱情》之类的小册子出现,这实际上是一种新的迷信,是一种毫无根据的牵强附会③。

2500多年前,古希腊的医圣希波克拉底曾经研究过人的气质④,他把人的气质分为四类:胆汁质、多血质、黏液质和抑郁质,这就是我们通常所讲的豪放型、乐观型、沉默型和内向型。希波克拉底曾认为人的气质可能与人的体液有关。2000多年后,当人们发现了血型的区别后,有些人就试图把人的气质用血型来解释。但科学的统计结果却让这些人大失所望。的确,血型是和父母遗传相关的,即所谓"血缘关系",但性格则是不能遗传的。如果说子女与父母的性格相似,那也是后天的影响所致。有研究认为:人的气质与不同的激素在血液中的浓度有关,这方面的问题要等待生命科学的进一步发展来解决。

(选编自《学生之友》2007年第21期,作者:新科)

注 释

① 新陈代谢 (xīn chén dàixiè, metabolism):伴随着生命而发生的原生质构成及其分解的总过程。比喻新事物生长发展,代替旧事物。

② 以讹传讹(yǐ é chuán é, circulate erroneous reports):把本来就不正确的话又错误地传开去,越传越错。

③ 牵强附会(qiānqiǎng fùhuì, eisegesis):勉强把没有关系的事情拉在一起。

④ 气质(qìzhì, temperament):指人的生理、心理等素质,是相当稳定的个性特点。

练 习

一、下面每个句子都有一个画线的词语,A、B、C、D四个答案是对这一画线的词语的不同解释,请根据课文内容选择最接近该词语的一种解释。

1. 血液可以说是生命的<u>载体</u>。
   A. 记载者　　B. 承载者　　C. 载重者　　D. 转载者

2. 心脏一旦停止跳动,生命也就<u>终结</u>了。
   A. 了结　　B. 完结　　C. 总结　　D. 归结

3. 终于发现血液分为O型、A型、B型和AB型等不同<u>类型</u>。
   A. 种类　　B. 品类　　C. 型号　　D. 门类

4. 为了说明血型和输血的关系，人们做了一个通俗的比喻。
    A. 通常　　　　B. 习俗　　　　C. 浅显　　　　D. 庸俗

5. O 型血可以给任何血型的人输血，所以把 O 型血比喻为最大公无私的。
    A. 没有私心　　　　　　　　　B. 公事公办
    C. 公正无私　　　　　　　　　D. 托公行私

6. 如果说子女与父母的性格相似，那也是后天的影响所致。
    A. 明天的明天　　B. 后来　　　　C. 日后　　　　D. 出生后

二、下面每个问题都有 A、B、C、D 四个答案，请根据课文内容选择唯一恰当的答案。

1. 在科学不发达的年代，输血（　　）。
    A. 是医生治疗失血病人的唯一方法
    B. 对失血过多的病人总是有效
    C. 会注意不同血型
    D. 有时会导致病人死亡

2. 关于古希腊的医圣希波克拉底，文中没提到的是（　　）。
    A. 他曾经研究过人的气质
    B. 他将人的气质分为四类：胆汁质、多血质、黏液质和抑郁质
    C. 他发现了血型的区别
    D. 他认为气质可能和人的体液有关

3. 人们把血型与性格联系起来的原因是（　　）。
    A. 他们不懂得科学知识　　　　B. 他们的做法是迷信
    C. 他们最自私自利　　　　　　D. 他们最大公无私

4. 有些人试图把人的气质用血型来解释却大失所望，因为（　　）。
    A. 血型是和父母遗传相关的
    B. 性格是不能遗传的
    C. 人的气质与不同的激素在血液中的浓度有关
    D. 这方面的问题要等待生命科学的进一步发展来解决

三、根据课文内容,判别正误。

1. 血液是生命的载体。　　　　　　　　　　　　　（　　）
2. 如果一个人失血过多,把别人的血输过去就可以治愈。（　　）
3. O 型血的人是最大公无私的,AB 型的人是最自私自利的。（　　）
4. 人的性格气质与血型有关。　　　　　　　　　　（　　）

四、根据课文内容,回答问题。

1. 输血时为什么要化验血型?
2. 为什么说 O 型血的人是"万能输血者"?
3. 血型可以遗传吗?
4. 血型和性格、命运等有关系吗?

第三课

揭开巫术的神秘面纱

80年前的某个晚上,美国亚拉巴马州一个名叫凡德的人与当地的一个巫师发生了口角①,之后,巫师拿出一瓶难闻的液体在凡德眼前晃了晃,告诉他:"你就要死了,没有人能够救你!"凡德一回到家中便感觉身体不舒服。他被及时地送往医院,但医生们对他的病情束手无策,眼看着他的病情每况愈下,一天天地走向死亡。他的妻子将丈夫受到巫师诅咒②的事情告诉了一位名叫雷德顿的医生。雷德顿想了很久,终于想出一条为凡德治病的妙计。

第二天早上,雷德顿医生说,他通过逼问巫师,已经找到了凡德的病因:原来,一些蜥蜴③卵被巫师施法④进入了凡德的体内,现在这些卵已经在他的胃里孵化⑤并开始噬咬他的身体,这就是他感到万分痛苦的原因。接着,雷德顿叫来护士给凡德注射强力催吐剂。几分钟后,凡德开始呕吐。雷德顿趁凡德不备,将事先准备好的蜥蜴放进呕吐物里,然后让他看那些"吐出来的蜥蜴"。凡德顿时如释重负,相信自己受到的诅咒已经解除,他放心地入睡了。第三天,他恢复了食欲。一周后,他奇迹般地康复了。

这是一个由多位医学专家反复研究过的真实案例。事实上,心理压力对患者的确会产生一系列的负面效应。有关研究已经证明,那些相信自己很可能患了某种疾病的人,与其他具有相同患病概率但并不认为自己患了病的人相比,前者更容易患病。那么,这其中的奥秘何在呢?大量严谨的科学调查已经破解了这个谜——医院里的那些身穿白大褂、挂着听诊器的医生们已经摇身一变,成为当代"巫师"。这会不会是危言耸听呢?让我们来看看药物的安慰剂效应和反安慰剂效应。

所谓安慰剂效应,是指医生在理论指导下有意对患者进行了无效治疗,但患者却自以为得到了有效治疗,从而感到轻松,甚至使病情得到一定缓解。

然而,安慰剂效应有一个性质完全相反的可怕的"双胞胎"——反安慰剂效应。如果患者对某种药物的药效心存疑虑,在这种心态下,就算这种药是用面粉制成的,患者的病情也可能会无端地发生恶化。科学家认为,一旦出现反安慰剂效应,它就会抵销安慰剂效应。

　　从某种意义上说,因医生误诊和患者的心理压力导致患者加速死亡的情形,与巫术致人死命的情形有着诸多相似之处。有科学家开玩笑说:"坏消息产生坏的生理结果。只要你能说服别人,让他相信自己快死了,那他肯定会死。"如此看来,巫术并不神秘。我们之所以会对诅咒,以及某些不良的象征性语言和行为感到紧张不安,就是因为它们挑战了我们对生物分子结构世界的认识。至今,仍有很多自然现象尚未得到合理的科学解释。或许等到它们得到彻底解释的那一天,我们就能更容易地接受人的心理状况确实会影响生理状况这个事实,当然也就能更加坦然地去面对巫术了。

(选编自《探索与发现》2009年第12期,原题:揭开中外巫术神秘的面纱)

注　释

① 口角(kǒujué,quarrel):争吵。
② 诅咒(zǔzhòu,curse):指祈求鬼神嫁祸于所恨的人。
③ 蜥蜴(xīyì,lizard):一种爬行动物。
④ 施法(shī fǎ,conjure):道士、巫师等施展法术。
⑤ 孵化(fūhuà,hatch)在适宜的温度等环境条件下,使蛋变成幼仔的过程。

练　习

一、下面每个句子都有一个画线的词语,A、B、C、D四个答案是对这一画线的词语的不同解释,请根据课文内容选择最接近该词语的一种解释。

　　1. 他被及时地送往医院,但医生们对他的病情束手无策。
　　　A. 捆住了手　　B. 无拘无束　　C. 毫无办法　　D. 毫不知情

2. 眼看着他的病情每况愈下,一天天地走向死亡。
   A. 走出　　　B. 走近　　　C. 走开　　　D. 走过

3. 雷德顿趁凡德不备,将事先准备好的蜥蜴放进呕吐物里。
   A. 没有具备　　　　　　B. 没有准备
   C. 不够完备　　　　　　D. 不能储备

4. 大量严谨的科学调查已经破解了这个谜。
   A. 破除　　　B. 打破　　　C. 了解　　　D. 解开

5. 在这种心态下,就算这种药是用面粉制成的,患者的病情也可能会无端地发生恶化。
   A. 无缘无故　　　　　　B. 若无其事
   C. 无始无终　　　　　　D. 无可奈何

6. 当然也就能更加坦然地去面对巫术了。
   A. 茫然　　　B. 坦诚　　　C. 天然　　　D. 心安

二、下面每个问题都有A、B、C、D四个答案,请根据课文内容选择唯一恰当的答案。

1. 凡德的病因是(　　)。
   A. 蜥蜴卵在他的胃里孵化并咬噬他
   B. 他被巫师施了法
   C. 他心理压力过大
   D. 他受到了诅咒

2. 在相同患病概率下,从文中可知哪种人更容易患病(　　)。
   A. 不相信自己生了病的人
   B. 身穿白大褂的人
   C. 成为当代"巫师"的人
   D. 相信自己已经生了病的人

3. 关于反安慰剂效应,正确的说法是( )。
   A. 和安慰剂效应是双胞胎
   B. 可能会导致病情向不好的方向发展
   C. 在这种心态下,只能吃面粉制成的药
   D. 和安慰剂效应会同时在一个人身上起效

4. 有科学家开玩笑说:"坏消息产生坏的生理结果。只要你能说服别人,让他相信自己快死了,那他肯定会死。"这句话表明( )。
   A. 巫术并不神秘
   B. 至今仍有很多自然现象尚未得到合理的科学解释
   C. 反安慰剂效应可能会使一个人死亡
   D. 我们会对诅咒感到紧张

三、根据课文内容,判别正误。

1. 凡德吐出了肚子里的蜥蜴后恢复健康了。 ( )
2. 医生可以证明巫术对人的影响。 ( )
3. 反安慰剂效应会抵消安慰剂效应的作用。 ( )
4. 如果对所用药物不信任,可能会使病情无端恶化。 ( )

四、根据课文内容,回答问题。

1. 为什么很多医学专家反复研究凡德的案例?
2. 为什么说有些医生们已经成为当代"巫师"了?
3. 什么是安慰剂效应?
4. 我们应该怎样面对巫术?

第四课　面相、手相、体相的科学

以往我们一直认为，生命密码隐藏在生命体的内部，不可能显露在生命体的外部。科学家近期研究发现，这个观点并不完全正确，因为有些生命密码也能在人体外部显露出来。如人的面相、手相、体相，都能直接暴露生命的密码。

美国科学家发现，秃顶①男士较易患心脏病。英国科学家则发现，手指越长的男士越容易患抑郁病。

如果不是科学家拿出了相关证据并进行了相关的推理，我们可能会以为这是江湖术士②在随意胡诌③呢。但实际情况是，科学家言之有据——为什么手指较长的男士容易患抑郁症？那是因为这类人在胎儿时期睾丸④激素激增导致的。睾丸激素激增，影响了中枢神经系统的发育，在促进手指发育的同时，也使他们成为了抑郁症的高发人群。

科学家告诉我们，仅仅看到人体外部特征和人体内部生理变化的对应关系，还只是看到了表皮，这其中的深层奥秘是，人体内部生理变化实际上与人体基因——生命密码相对应，也就是说，表面上看由人体内部生理变化决定的人体外部特征，实际上是生命密码的外部体现。

研究证实，生物的形体是由生物的基因决定的，如老虎的基因与老鼠的基因不同，就决定了两者外貌特征的不同。如果在他们的基因内混入其他生物的基因，那他们的外部特征也会发生改变。令人惊奇的是，人类的骨髓移植手术往往能让接受手术的人的体表特征等发生微妙的变化。比如，一名皮肤白皙的女士成功地将骨髓捐给一名皮肤黝黑的女大学生，手术后，这名大学生的皮肤奇迹般地日渐白皙了。之所以会出现这种怪现象，科学家认为，很可能是骨髓移植不同程度地发挥了基因移植的作用，因此使得骨髓接受者的形体特征发生了变化。

那么，同一种生物，为什么外部形体特征不完全一样呢？研究发现，生物体外部特征不但是由基因，而且也是由基因产生的相关蛋白质的数量差异决定的。如人体有 3 万多种基因,每种基因都能制造大量不同种类的蛋白质,而且数量也有很大差异。两个人可能具有完全一样的基因,但二者体内产生的蛋白质数量却相去甚远,结果就造成了各自外部形体特征上的不同。

人体外部形体特征所显露出的生命密码,其内涵信息应该是多方面的,其中还应该包括体力、智力和情绪等多方面的潜在信息,而人们目前看到的人体潜在疾病信息,也只是其中的一部分。这些信息对于未来人类用最简单的办法,来发现人体潜在的优势或劣势,都有不可替代的预测价值。如将来人们要选拔未来的运动健将和未来的军事指挥人才,那么有关体相专家,只需仔细看看站在他面前的少年儿童的某些外部特征,就知道他们当中哪些人是哪方面的好苗子了。

(摘自《大科技》2008 年 6 月,作者:赵思江)

注 释

① 秃顶(tūdǐng, bald):脱了大量头发的头顶。
② 胡诌(húzhōu, cook up):瞎说。
③ 江湖术士 (jiānghú shùshì, mountebank):旧时指各处流浪并从事卖艺、卖药、算命等活动的人。
④ 睾丸(gāowán, testicle):雄性动物生殖器官的一部分。

练 习

一、下面每个句子都有一个画线的词语,A、B、C、D 四个答案是对这一画线的词语的不同解释,请根据课文内容选择最接近该词语的一种解释。

1. 我们可能会以为这是江湖术士在<u>随意</u>胡诌呢。
   A. 故意　　　B. 任意　　　C. 特意　　　D. 肆意

2. 仅仅看到人体外部特征和人体内部生理变化的对应关系,还只是看到了<u>表皮</u>。
   A. 表层　　　B. 皮肤　　　C. 外面　　　D. 外表

3. 人类的骨髓移植手术往往能让接受手术的人体表特征等发生<u>微妙</u>的变化。
   A. 微薄　　　B. 巧妙　　　C. 细微　　　D. 奇妙

4. 二者体内产生的蛋白质数量却<u>相去</u>甚远。
   A. 相差　　　B. 相距　　　C. 相离　　　D. 相隔

5. 人们要<u>选拔</u>未来的运动健将和未来的军事指挥人才。
   A. 选择　　　B. 提拔　　　C. 挑选　　　D. 选举

6. 只需仔细看看站在他面前的少年儿童的某些外部特征,就知道他们当中哪些人是哪方面的好<u>苗子</u>了。
   A. 苗头　　　B. 幼苗　　　C. 人才　　　D. 材料

二、下面每个问题都有 A、B、C、D 四个答案,请根据课文内容选择唯一恰当的答案。

1. 不能直接暴露生命密码的是(　　)。
   A. 手相　　　　　　　　B. 面相
   C. 体相　　　　　　　　D. 血相

2. 皮肤白皙的女士成功地将骨髓捐给一名皮肤黝黑的女大学生后,这名大学生的皮肤奇迹般地日渐白皙了,是因为(　　)发挥了作用。
   A. 骨髓移植　　　　　　B. 皮肤移植
   C. 血液移植　　　　　　D. 基因移植

3. 同一种生物外部形体特征不完全一样的原因是体内(　　)数量不一样。
   A. 基因　　　　　　　　B. 蛋白质
   C. 骨髓　　　　　　　　D. 激素

4. 本文主要介绍( )。
   A. 生物的外部特征为什么不一样
   B. 有些生命密码能在人体外部显露出来
   C. 基因的重要作用
   D. 未来怎样选拔人才

三、根据课文内容,判别正误。

1. 生命密码隐藏在生命体的内部,不可能显露在生命体的外部。( )
2. 人体内部生理变化与人体基因相对应。( )
3. 生物体外部特征由基因产生的相关蛋白质的数量差异决定。( )
4. 人体外部形体特征所显露出的内涵信息非常有用。( )

四、根据课文内容,回答问题。

1. 人体内部生理变化与人体基因有什么关系?
2. 生物的形体是由什么决定的?
3. 为什么同一种生物的外部形体特征会不完全一样?
4. 体相专家可以根据什么选拔人才?

第十五单元
感 知

第一课

面孔背后的面孔

　　面孔是通往心灵的门户,它对情绪的体现力往往胜过千言万语,这是人类与生俱来的本领。因此,我们常常把面孔当作本人。

　　科学家们发现了大量有趣的事实。例如,如果一个人火气难捺,首先会抿紧嘴唇,然后才会做出其他愤怒的表情。

　　你想知道朋友是否局促不安吗?打哈欠可能表示略感忧虑,尤其是在这个人根本没有理由困倦的情况下。你想了解对方是否在专心听你说话吗?全神贯注的面孔是平静安宁的,也许双唇微张。在电影《侏罗纪公园》中,剧中人在看到第一只活恐龙时个个张大了嘴巴。这是一种兴趣盎然①的表情。

　　怎样知道一个人是否痛苦呢?痛苦表现为典型的愁眉苦脸,我们一眼就能看出。但这只有到了痛苦不堪的地步才会出现。遗憾的是,大多数医护人员不明白这一点,可能会忽略病人的早期痛苦迹象。

　　撒谎会怎样?装模作样古已有之,黑猩猩最擅长此道。在动物园里,黑猩猩喜欢含一口水在嘴里,若无其事地走来走去,靠近目标之后便喷人一脸水。连经验老到的驯兽员有时也会上当。

　　有人能够辨别对方是否撒谎,准确率达到80%—90%,很大程度上正是依赖面部和声音信息。

　　首先要注意:没有无意泄露的谎言,也没有肯定表示"虚假"的标识。单凭一个特征便妄下结论往往会出错,必须多方考查。

　　重点之一是笑容。撒谎者的微笑很少是发自肺腑的,多半显得遮遮掩掩,再加上嗓音较高,这些便是欺骗行为的最好证据。真诚的微笑会使眼周皮肤微微起皱,虚伪的微笑则一般不会。假笑还可能会跟当前情景不合拍,要么太早,要么太晚,往往戛然止住而不是慢慢消失,或者显得不太对称。

　　内心情感往往在上半边脸泄露无余。诗人托马斯·怀亚特写道:"眼睛是心灵的叛徒。"眼睛、眉毛和前额布满了诚实的肌肉。有的人试图以微笑掩盖苦楚,而眼睛却分明诉说着无限的哀伤。

真诚的表情不会停留很久。任何表情如果持续10秒钟以上,大多数情况下如果持续5秒钟以上,就有可能是假装的。盛怒、狂喜、消沉等强烈情感除外,但即使这些也通常表现为一系列短暂爆发。

你想知道一个人是否真的悲伤吗?真心悲痛时,眉毛内端上挑,在前额中间形成皱纹。能装出这个动作的人不到15%。职业乞丐常年一脸愁容,但前额的姿态不对,因此,他们的乞求显得千篇一律②。

(选编自《科学大观园》2005年第4期,作者:邹绍平)

注 释

① 盎然(àngrán, overflowing):形容气氛、情趣很浓厚。
② 千篇一律(qiān piān yīlǜ, stereotyped):机械地重复,没有变化。

练 习

一、下面每个句子都有一个画线的词语,A、B、C、D四个答案是对这一画线的词语的不同解释,请根据课文内容选择最接近该词语的一种解释。

1. 如果一个人火气难<u>捺</u>,首先会抿紧嘴唇,然后才会做出其他愤怒的表情。
   A. 控制　　　B. 消除　　　C. 发泄　　　D. 平静

2. 你想知道朋友是否<u>局促不安</u>吗?
   A. 不露声色　　　　　　B. 无拘无束
   C. 拘束紧张　　　　　　D. 急不可待

3. 连经验<u>老到</u>的驯兽员有时也会上当。
   A. 老化　　　B. 老实　　　C. 老练　　　D. 老手

4. 没有无意泄露的谎言,也没有肯定表示"虚假"的标识。
   A. 标准　　　　B. 标志　　　　C. 表明　　　　D. 标注

5. 撒谎者的微笑很少是发自肺腑的。
   A. 情愿　　　　B. 真诚　　　　C. 肺部　　　　D. 内心

6. 有的人试图以微笑掩盖苦楚,而眼睛却分明诉说着无限的哀伤。
   A. 痛苦　　　　B. 苦头　　　　C. 苦心　　　　D. 清楚

二、下面每个问题都有A、B、C、D四个答案,请根据课文内容选择唯一恰当的答案。

1. 在没有理由困倦的情况下,打哈欠可能表示(　　)。
   A. 平静安宁　　　　　　　　B. 兴趣盎然
   C. 略感忧虑　　　　　　　　D. 全神贯注

2. 驯兽员有时会被黑猩猩喷一脸水,他上当的原因是(　　)。
   A. 没发现黑猩猩的真实意图
   B. 他骗了黑猩猩
   C. 黑猩猩若无其事地走来走去
   D. 他经验老到

3. 下面哪一个可能是真诚的微笑(　　)。
   A. 笑时嗓音较高　　　　　　B. 笑时跟当前情景不合拍
   C. 笑时眼周的皮肤有皱纹　　D. 笑时遮遮掩掩

4. 对"眼睛是心灵的叛徒"解释正确的是(　　)。
   A. 眼睛很会撒谎
   B. 眼睛没有办法掩藏内心的真实情感
   C. 眼睛和心灵表达的感情总是相反的
   D. 很多人都很会掩藏自己的感情

三、根据课文内容,判别正误。

1. 我们一出生就开始通过面孔来传达情感。（ ）
2. 一个快要发火的人首先是抿紧嘴唇。（ ）
3. 判断表情的真伪只要根据表情停留时间就可以了。（ ）
4. 没有一个乞丐能装出真正悲伤的表情。（ ）

四、根据课文内容,回答问题。

1. 一个人不安、专心和痛苦时脸上各是什么表情？
2. 为什么大多数医护人员可能会忽略了病人的早期痛苦迹象？
3. 真诚的表情停留时间是多久？
4. 一个人真正悲伤时是什么样子的？

第二课

我们能控制梦境吗？

虽然分享梦境听起来很酷，但意识是非常私人化的经历，你不可能看到别人的想法，别人也不可能看到你的。虽然有时候我们可以通过人们的行为或者眼神察觉出他们的想法，但是这些想法不会跑到你脑子里。分享梦境确确实实超出了当今科学的能力，但是人们目前已经能够做到的一点是，控制梦境。

让我们先来做个实验。把眼睛移开书本，想点事情，但尽量不要想一只白熊。请坚持一分钟，一定不要让有关动物的想法或影像出现在你的脑中。结果你想到了什么？

大部分人会发现他们没法压抑想白熊的念头。这是哈佛大学心理学家丹尼尔·威格纳教授的一个实验，他让人们试着在思想中摒弃一个念头，比如白熊。虽然受验者试着不去想这个特定的单词，但在接下来的快速单词联想测试中，又不断将这个词脱口而出。威格纳还发现，在比赛中越是要提醒自己不要过度击球的高尔夫球手，越会犯这个错误；吸烟、酗酒①者、药物依赖者越是试图抑制对烟酒、药物的渴望，欲望就变得更强烈。当人越是想要压抑某个念头的时候，它反而越挫越勇，我们对思维的控制只能让它往相反的方向发展。威格纳说，你为了避免不经意间批评一个同事是伪君子②，大脑必须首先想象由此造成的可怕后果。但反过来，这种想象又增加了事情发生的概率。

利用这种理论，或许你能控制别人的梦。你只需要告诉他，睡觉前不要想你。

除了控制别人的梦，你还可以控制自己的梦。在好莱坞大片《盗梦空间》③中，盗梦者可以意识到自己在做梦，甚至能够对梦境施加一些控制。想做到这一点也并非难事，在现实中你可以通过训练学会。在美国斯坦福大学任教的25年里，生理心理学家斯蒂芬·拉伯格一直在推广"清醒梦"这个概念，清醒梦就是一边做梦一边清楚地意识到自己是在做梦。

在拉伯格一些清醒梦境的实验中，睡眠者戴着特制的目镜入睡。当觉察到睡眠者进入快速眼动(REM)睡眠状态的话,目镜就闪烁红灯。快速眼动睡眠是睡眠的一种阶段,还有一个阶段叫做非快速眼动睡眠期,这两个阶段都会有梦生成。快速眼动睡眠期的梦更有故事性,充满了感情和冲突,而非快速眼动睡眠期的梦通常只会设计友善的社交活动。情绪低落的人通常会经历更多的快速眼动睡眠期。受试者之前已经了解到红灯是让他们意识到自己在做梦的线索,一旦意识到自己在做梦,尽管还没有醒,就会进入清醒梦境的状态。他们可以控制自己的梦,按照自己的目标引导梦,并使梦的结果符合他们的需要。

如果你也想经历一场清醒梦的话,最简单的方法是训练自己在入睡时对自己发问:"我在做梦吗?"问久了,你可能真会意识到,"哦,原来我正在做梦"。

(选编自《三联生活周刊》2010-09-13,作者:曹玲,原题:《盗梦空间》:亦真亦假皆是梦)

注 释

① 酗酒(xùjiǔ, drink excessively):没有节制地喝酒
② 伪君子(wěijūnzǐ, hypocrite):表面高尚、实际上卑鄙无耻的人。
③ 《盗梦空间》(dào mèng kōngjiān):美国电影《Inception》。

练 习

一、下面每个句子都有一个画线的词语,A、B、C、D四个答案是对这一画线的词语的不同解释,请根据课文内容选择最接近该词语的一种解释。

1. 大部分人会发现他们没法<u>压抑</u>想白熊的念头。
    A. 抑制   B. 压力   C. 掌握   D. 消除

2. 他让人们试着在思想中<u>摒弃</u>一个念头,比如白熊。
    A. 清洗   B. 保存   C. 废弃   D. 抛弃

3. 在比赛中越是要提醒自己不要过度击球的高尔夫球手,越会犯这个错误。
   A. 过于　　　　B. 超过限度　　C. 超过高度　　D. 过渡

4. 你为了避免不经意间批评一个同事是伪君子,大脑必须首先想象由此造成的可怕后果。
   A. 不大意　　　B. 不过意　　　C. 不留神　　　D. 不刻意

5. 快速眼动睡眠是睡眠的一种阶段,还有一个阶段叫做非快速眼动睡眠期,这两个阶段都会有梦生成。
   A. 形成　　　　B. 长成　　　　C. 完成　　　　D. 变成

6. 情绪低落的人通常会经历更多的快速眼动睡眠期。
   A. 低级　　　　B. 不高　　　　C. 回落　　　　D. 减少

二、下面每个问题都有A、B、C、D四个答案,请根据课文内容选择唯一恰当的答案。

1. 我们目前已经能够做到(　　)。
   A. 分享梦境
   B. 控制别人的和自己的梦境
   C. 让别人的想法跑到自己的脑子里来
   D. 看到别人的想法

2. 在威格纳的实验中,大部分人为什么没法压抑想白熊的念头(　　)。
   A. 因为越要压抑某个念头,这个念头越强烈
   B. 因为把眼睛移开了书本
   C. 因为没有有关动物的想法或影像出现在脑中
   D. 因为要避免批评同事

3. 威格纳认为药物依赖者在(　　)时对药物有着更强烈的欲望。
   A. 面对很多药物　　　　　　B. 做梦
   C. 吸烟　　　　　　　　　　D. 想抑制自己对药物的渴望

4. 拉伯格实验中的红灯起什么作用(　　)。

    A. 给受试者照明

    B. 使梦更有故事性

    C. 提示受试者是在梦中

    D. 促使受试者进入非快速眼动睡眠期

三、根据课文内容,判别正误。

1. 比赛中总是过度击球的高尔夫球手失误的原因是没有提醒自己。(　　)
2. 我们没法对思维进行控制。(　　)
3. 可以通过清醒梦对梦境实施一定的控制。(　　)
4. 非快速眼动睡眠期做的梦比快速眼动睡眠期多。(　　)

四、根据课文内容,回答问题。

1. 我们能分享梦境吗?
2. 威格纳教授为什么要做有关白熊的实验?
3. 如何能够实现控制别人的梦境?
4. 怎样才能进入清醒梦状态?

第三课

灵感源于积累

人的创造性是什么？它来自何处？许多人认为创造性是一个人智慧的突然闪现，这种"魔术般的"爆发是一种不同于我们日常思维的精神过程。但是科学家通过深入研究发现，当你展示你的创造性时，你使用的大脑部分与平时琢磨怎么绕过交通堵塞没什么两样。

创造性的关键不是那最初的灵感闪现，而是在思考和实践某件事时所产生的一系列灵感的小火花。就拿世界上第一架飞机来说，1903年12月8日，美国著名科学家塞缪尔·兰利，在波托马克河边将他的飞行器启动了，动静挺大，结果栽到了河里。但9天之后，莱特兄弟将世界上首架飞机飞上了天。为什么身为自行车修理工的莱特兄弟能成功，而著名的科学家却失败了呢？因为兰利是雇别人来完成他的设想。而莱特兄弟的构想和实践是紧密结合在一起的。多少年来，在他们解决诸如机翼形状、机翼变形等问题的过程中，每次调整改动都是一次灵感火花，一次火花引发其他灵感的产生。

有创造性的人有成堆的点子，但多数都是歪点子。有时歪点子也有用，比如达尔文的日记表明，他的许多研究走进了死胡同①，他花了好多年来提炼②很奇怪的理论，直到最终将其抛弃。但正是火花链里的这种关键链接形成达尔文进化论的一个分支。有时你往往是到后来才知道哪些灵感火花重要。不过你的点子越多，你产生重要灵感的机会就越大。

普通人如何才能有更多点子？是不是创造性只属于天才？其实，天才头脑里的点子也不是无缘无故冒出来的，他们的点子建立在以前的基础之上。关键是相互协作。注意你的领域里其他人在做什么，与不同领域里的人交换思想。研究表明，领域差别较大反而能导致新点子的产生，正如一位心脏外科医生往往能对建筑或美术方面大发一通很有建设性的新议论。需要指出的是，任何人不可能在所有领域都有创造性。

对于普通人，发挥自己的创造性也不是不可能的。敢于冒险，做好犯很多错误的准备。努力工作，经常休息，但休息时也不要把自己想要解决的问题忘得一干二净。做你所爱做的事情,因为要花好些年才有创造性突破。建立一个良好的社交网络和随心所欲的日程表。重要的是,抛弃那些关于创造性的浪漫的神话:艺术家特有的气质、天才、不用辛苦工作等等。这些神话只能使我们泄气,会使我们懒惰地等待那"灵光闪现"的时刻。我们一旦等待下去,就永远不会开始做我们将来某一天展开我们的创造性的工作。

(选编自《北京科技报》2006-02-01,作者:杨孝文,原题:揭开人类创造性思维之谜:灵感源于积累)

注 释

① 死胡同(sǐhútong, dead end):走不通的巷道,比喻绝路。
② 提炼(tíliàn, epurate):比喻文艺创作和语言艺术等从生活中提取精华的过程。

练 习

一、下面每个句子都有一个画线的词语,A、B、C、D四个答案是对这一画线的词语的不同解释,请根据课文内容选择最接近该词语的一种解释。

1. 动静挺大,结果栽到了河里。
   A. 掉　　　　B. 开　　　　C. 下　　　　D. 降

2. 兰利是雇别人来完成他的设想。
   A. 希望　　　B. 命令　　　C. 邀请　　　D. 雇用

3. 有创造性的人有成堆的点子,但多数都是歪点子。
   A. 成套　　　B. 很多　　　C. 成熟　　　D. 特别

4. 但正是火花链里的这种关键链接形成达尔文进化论的一个分支。
   A. 分别　　　B. 支流　　　C. 部分　　　D. 分歧

5. 天才头脑里的点子也不是<u>无缘无故</u>冒出来的。
   A. 没有原因　　　　　　B. 没有缘分
   C. 没有事故　　　　　　D. 没有思考

6. 正如一位心脏外科医生往往能对建筑或美术方面大发<u>一通</u>很有建设性的新议论。
   A. 一场　　B. 一顿　　C. 一番　　D. 一句

二、下面每个问题都有A、B、C、D四个答案，请根据课文内容选择唯一恰当的答案。

1. 要发挥创造性，最重要的是（　　）。
   A. 努力工作　　　　　　B. 看他人在做什么
   C. 相互协作　　　　　　D. 与人聊天

2. 从文中可知，（　　）之间的谈话可能更能激发创造的灵感。
   A. 教授和学生　　　　　B. 医生和护士
   C. 音乐家和电脑专家　　D. 科学家和他的同事

3. 普通人要发挥创造性，应该（　　）。
   A. 等待机会来临　　　　B. 不用辛苦工作
   C. 常常休息　　　　　　D. 做爱做的事，注意积累

4. 这篇文章主要说明（　　）。
   A. 创造性和天才关系密切　　B. 科学家不如修理工
   C. 歪点子比好主意更有用　　D. 创造性的发挥和积累关系密切

三、根据课文内容，判别正误。

1. 创造性只属于天才。　　　　　　　　　　　　　　（　　）
2. 点子越多，可创造的机会就越大。　　　　　　　　（　　）
3. 普通人一定要耐心等待灵感闪现的时刻。　　　　　（　　）
4. 随心所欲就可以发挥创造性。　　　　　　　　　　（　　）

四、根据课文内容,回答问题。

1. 著名科学家塞缪尔·兰利试制飞机失败而自行车修理工莱特兄弟成功,原因是什么?
2. 达尔文的例子给我们什么启示?
3. 普通人如何发挥创造性?
4. 为什么发挥创造性时要敢于冒险?

第四课

话说"第六感"

视觉、听觉、嗅觉、味觉和触觉——自古希腊亚里士多德①提出人类有五种感觉之后,这一观点一直得到人们的认同。但是,长久以来,也有人相信人类存在着这五种感觉之外的"第六感"。

尽管科学界还没有给五大感觉之外的"第六感"命名,但相关的研究却并不少。科学家曾根据这个感觉的特征——直接影响人们感情、情绪,提议将其命名为"类嗅觉"或者"情觉"。

第六感研究领域最主要的信息来源是动物界。动物发出的种种奇特信号,使得科学家开始破译动物神秘的第六感。英国生物化学家鲁珀特·谢尔德雷克20年来一直从事科学实验,他认为心灵感应②和预感等现象可以从生物角度得到解释,它们是正常的动物行为,它经过了数百万年的演变,是为适应生存的需要而形成的。人类的第六感同样是从祖先那里继承的。

与此同时,随着更多的科学研究,科学家发现人类的认知系统中也有着独特的"第六感"。科学家指出,大脑额叶部区域可早于人类意识之前感知到危险,并且提供早期的警告帮助人类逃脱。研究人员在研究中发现,脑部的一块区域——前扣带皮质,可能会觉察出环境中细微的变化,并起到预警作用,提醒人们逃脱困境。

目前,人们已知道,前扣带脑皮质是大脑执行控制系统中的一个重要部分。它能够帮助调节诸如寒冷、坚硬等感受,进行事实基础上的推理,以及产生爱、恐惧或者预感等情绪反应。科学家认为,这是一个信息处理区域,根据信息在决定形成过程中的作用来区分处理的先后顺序。它能够把有关动机和效果的信息联系起来,从而带来认知的变化,改变人们对事物的看法。当我们有可能犯错误时,甚至在必须做出困难决定之前,前扣带皮质实际上已经察觉到了这种"困境",因此前扣带皮质在大脑对外界的认知与反映中便担当了一个早期的警告系统。当我们的行为可能导致负面结果时,前扣带皮质便预先警告我们,让我们更小心,避免犯错。

实验中,研究人员让健康的年轻人响应在计算机屏幕上出现的一系列信号。受试者必须根据屏幕上所出现的箭头的方向很快地按键盘上的按键。但为了试验出受试者处理未知事件时脑部运动状况,研究人员有时会插入另一个较大的蓝色箭头,使得受试者必须转换思维,而按另一按键。扫描受试者的脑部活动显示,最后只要仅仅显示与较大箭头相关的蓝色,就足以发动前扣带皮质的活动。研究人员解释,这项研究表明脑部的这块区域提早了解到事物信息,尽管你未必能意识到它。

(选编自《新京报》,作者:李健亚,原题:美学者研究认为:人类和动物一样具有第六感)

注　释

① 亚里士多德(Yàlǐshìduōdé,Aristotle):古希腊人,世界古代史上伟大的哲学家、科学家和教育家之一。
② 心灵感应(xīnlíng gǎnyìng,telepathy):一种大多数人认为存在的能力。此能力能将某些讯息透过普通感官之外的途径传到另一人的心中。

练　习

一、下面每个句子都有一个画线的词语,A、B、C、D 四个答案是对这一画线的词语的不同解释,请根据课文内容选择最接近该词语的一种解释。

1. 科学家曾根据这个感觉的特征,<u>提议</u>将其命名为"类嗅觉"或者"情觉"。
   A. 提倡　　　B. 提出　　　C. 建议　　　D. 意见

2. 动物发出的种种奇特信号,使得科学家开始<u>破译</u>动物神秘的第六感。
   A. 翻译　　　B. 解释　　　C. 释义　　　D. 破解

3. 大脑额叶部区域可早于人类意识之前感知到危险。
   A. 感触　　　　B. 知觉　　　　C. 感觉　　　　D. 感想

4. 脑部的一块区域——前扣带皮质,可能会觉察出环境中细微的变化。
   A. 觉得　　　　B. 察觉　　　　C. 观察　　　　D. 检察

5. 研究人员让健康的年轻人响应在计算机屏幕上出现的一系列信号。
   A. 呼应　　　　B. 回应　　　　C. 反应　　　　D. 适应

6. 参与者必须转换思维,而按另一按键。
   A. 变换　　　　B. 兑换　　　　C. 替换　　　　D. 交换

二、下面每个问题都有A、B、C、D四个答案,请根据课文内容选择唯一恰当的答案。

1. 关于第六感,不正确的说法是(　　)。
   A. 第六感是天生就有的
   B. 第六感是正常的动物行为
   C. 第六感经过了漫长的演化
   D. 第六感超过了人类原有的五种感觉

2. 不属于前扣带脑皮质功能的是(　　)。
   A. 调节寒冷的感觉　　　　B. 进行推理
   C. 改变情绪　　　　　　　D. 产生预感

3. 前扣带脑皮质是脑部的一块区域,它在我们可能犯错时会(　　)。
   A. 向我们发出警告　　　　B. 对事实进行推理
   C. 导致负面结果　　　　　D. 让我们了解是什么错误

4. 这篇文章主要讲的是(　　)。
   A. 人类有第六感
   B. 第六感如何起到预警作用
   C. 研究第六感的人很的多
   D. 第六感又名"类嗅觉"或者"情觉"

三、根据课文内容,判别正误。

1. 第六感会直接影响人们感情、情绪。　　　　　　（　）
2. 第六感的研究只限于动物界。　　　　　　　　　（　）
3. 第六感是经过漫长的演化才形成的。　　　　　　（　）
4. 前扣带脑皮质是一个信息处理区域。　　　　　　（　）

四、根据课文内容,回答问题。

1. 人类有哪五种感觉？
2. 鲁珀特·谢尔德雷克的研究成果是什么？
3. 前扣带脑皮质是如何让我们避免犯错的？
4. 实验中为什么插入另一个较大的蓝色箭头？

附 录

练习参考答案

第一单元 动 物

第一课 冻不死的极地冰虫

一、1. A　2. A　3. B　4. B　5. C　6. B

二、1. D　2. C　3. D　4. D

三、1. ×　2. ✓　3. ×　4. ✓

第二课 昆虫的眼睛

一、1. C　2. C　3. A　4. B　5. B　6. C

二、1. D　2. C　3. C　4. D

三、1. ×　2. ×　3. ✓　4. ✓

第三课 动物冬眠之谜

一、1. B　2. C　3. B　4. C　5. B　6. B

二、1. D　2. C　3. A　4. A

三、1. ✓　2. ×　3. ×　4. ×

第四课 动物的节能术

一、1. B　2. A　3. A　4. B　5. D　6. B

二、1. B　2. D　3. D　4. C

三、1. ×　2. ×　3. ✓　4. ✓

第二单元 植 物

第一课 植物为什么会开花

一、1. C　2. C　3. B　4. C　5. C　6. D

255

二、1. D 2. C 3. D 4. B

三、1. ✓ 2. × 3. ✓ 4. ✓

第二课　外来生物"利""害"谈

一、1. B 2. C 3. B 4. A 5. D 6. B

二、1. D 2. C 3. D 4. D

三、1. × 2. ✓ 3. × 4. ✓

第三课　植物的听觉与情感

一、1. C 2. D 3. A 4. D 5. A 6. D

二、1. C 2. B 3. D 4. B

三、1. ✓ 2. ✓ 3. × 4. ×

第四课　会睡觉的植物竞争能力强

一、1. C 2. A 3. B 4. A 5. B 6. B

二、1. B 2. D 3. C 4. C

三、1. × 2. × 3. × 4. ✓

第三单元　地　理

第一课　中国的黄土

一、1. B 2. C 3. B 4. D 5. D 6. B

二、1. D 2. B 3. C 4. D

三、1. ✓ 2. × 3. ✓ 4. ×

第二课　死海不死

一、1. C 2. C 3. B 4. D 5. B 6. A

二、1. C 2. B 3. D 4. C

三、1. ✓ 2. × 3. ✓ 4. ✓

第三课　无处不在的风化作用

一、1. C 2. B 3. A 4. B 5. D 6. B

二、1. C 2. B 3. C 4. A

三、1. × 2. ✓ 3. × 4. ×

第四课　撩开青藏高原的面纱

　　一、1. A　　2. C　　3. B　　4. A　　5. C　　6. B

　　二、1. C　　2. D　　3. D　　4. B

　　三、1. ×　　2. ×　　3. √　　4. √

第四单元　气　象

第一课　天气预报的来历

　　一、1. A　　2. B　　3. A　　4. B　　5. C　　6. D

　　二、1. B　　2. C　　3. B　　4. D

　　三、1. √　　2. ×　　3. √　　4. √

第二课　全球变暖：21世纪最危险的挑战

　　一、1. B　　2. B　　3. C　　4. D　　5. A　　6. D

　　二、1. D　　2. D　　3. B　　4. B

　　三、1. ×　　2. √　　3. ×　　4. √

第三课　如果地球上没有雪

　　一、1. B　　2. A　　3. B　　4. C　　5. B　　6. C

　　二、1. A　　2. A　　3. D　　4. B

　　三、1. √　　2. √　　3. √　　4. ×

第四课　气候变化推动社会演变？

　　一、1. C　　2. A　　3. C　　4. B　　5. D　　6. C

　　二、1. C　　2. D　　3. B　　4. D

　　三、1. ×　　2. √　　3. √　　4. √

第五单元　生　命

第一课　双胞胎到底有没有"心灵感应"？

　　一、1. D　　2. B　　3. A　　4. A　　5. C　　6. C

　　二、1. C　　2. D　　3. B　　4. C

　　三、1. ×　　2. √　　3. ×　　4. √

第二课　生命从何而来

　　一、1. C　　2. D　　3. B　　4. D　　5. A　　6. B
　　二、1. A　　2. C　　3. D　　4. C
　　三、1. ×　　2. √　　3. ×　　4. √

第三课　现代人类的起源

　　一、1. C　　2. A　　3. A　　4. C　　5. B　　6. D
　　二、1. B　　2. C　　3. C　　4. D
　　三、1. ×　　2. √　　3. ×　　4. √

第四课　"外星人"之谜

　　一、1. C　　2. A　　3. D　　4. C　　5. B　　6. D
　　二、1. A　　2. D　　3. D　　4. C
　　三、1. √　　2. ×　　3. √　　4. ×

第六单元　健　康

第一课　笑可治病，哭能排毒

　　一、1. A　　2. C　　3. B　　4. B　　5. A　　6. D
　　二、1. B　　2. A　　3. C　　4. B
　　三、1. √　　2. ×　　3. √　　4. √

第二课　肢体比表情更直接反应恐惧感

　　一、1. C　　2. C　　3. A　　4. A　　5. B　　6. D
　　二、1. C　　2. D　　3. D　　4. B
　　三、1. ×　　2. √　　3. √　　4. √

第三课　吃快餐，请你悠着点

　　一、1. C　　2. C　　3. B　　4. C　　5. D　　6. B
　　二、1. D　　2. D　　3. C　　4. D
　　三、1. ×　　2. ×　　3. √　　4. √

第四课　自我催眠：改善自我状态的心理疗法

　　一、1. D　　2. D　　3. B　　4. B　　5. C　　6. A

二、1. D 2. B 3. A 4. C

三、1. × 2. × 3. √ 4. √

第七单元　病　毒

第一课　病毒——看不见的敌人

一、1. C 2. C 3. B 4. C 5. A 6. A

二、1. B 2. B 3. A 4. C

三、1. × 2. × 3. √ 4. √

第二课　百年禽流感回眸

一、1. B 2. B 3. C 4. B 5. A 6. B

二、1. C 2. A 3. B 4. D

三、1. √ 2. × 3. √ 4. ×

第三课　计算机病毒

一、1. C 2. D 3. C 4. D 5. B 6. C

二、1. A 2. A 3. D 4. D

三、1. √ 2. √ 3. × 4. ×

第四课　手机病毒

一、1. B 2. A 3. A 4. C 5. B 6. C

二、1. D 2. A 3. B 4. C

三、1. √ 2. √ 3. √ 4. ×

第八单元　认　知

第一课　黑猩猩——人类的"兄弟"

一、1. B 2. C 3. A 4. A 5. A 6. B

二、1. D 2. B 3. C 4. D

三、1. × 2. √ 3. × 4. √

第二课　人类的自我认知

一、1. C 2. B 3. D 4. C 5. A 6. B

二、1. B   2. B   3. D   4. B
三、1. ×   2. ✓   3. ×   4. ×

第三课　大脑中的"天才按钮"

一、1. B   2. B   3. B   4. C   5. A   6. D
二、1. D   2. D   3. C   4. C
三、1. ✓   2. ✓   3. ✓   4. ✓

第四课　一种新的心理治疗方法——认知疗法

一、1. A   2. B   3. D   4. C   5. A   6. C
二、1. D   2. B   3. C   4. A
三、1. ×   2. ✓   3. ✓   4. ×

第九单元　地　貌

第一课　冰川的"恶作剧"

一、1. B   2. D   3. A   4. C   5. D   6. A
二、1. B   2. C   3. A   4. B
三、1. ✓   2. ✓   3. ×   4. ×

第二课　罗布泊"雅丹"奇观

一、1. C   2. B   3. A   4. B   5. C   6. B
二、1. A   2. D   3. D   4. B
三、1. ✓   2. ✓   3. ✓   4. ×

第三课　美不胜收的地下水世界

一、1. B   2. D   3. D   4. C   5. B   6. A
二、1. B   2. A   3. D   4. D
三、1. ✓   2. ×   3. ✓   4. ×

第四课　虚无缥缈的海市蜃楼

一、1. B   2. C   3. A   4. A   5. C   6. D
二、1. A   2. B   3. C   4. B
三、1. ×   2. ✓   3. ✓   4. ×

第十单元 地 质

第一课 寒武纪寒冷吗？

一、1. B   2. D   3. D   4. A   5. B   6. A

二、1. C   2. D   3. B   4. B

三、1. ×   2. ✓   3. ✓   4. ✓

第二课 侏罗纪公园

一、1. B   2. C   3. B   4. D   5. B   6. D

二、1. C   2. D   3. C   4. B

三、1. ×   2. ×   3. ×   4. ✓

第三课 白垩纪——恐龙终结者

一、1. B   2. C   3. D   4. D   5. B   6. D

二、1. C   2. D   3. C   4. C

三、1. ×   2. ×   3. ✓   4. ×

第四课 煤炭从哪里来？

一、1. D   2. B   3. A   4. B   5. D   6. B

二、1. D   2. B   3. C   4. A

三、1. ✓   2. ×   3. ×   4. ×

第十一单元 科 技

第一课 新能源——"可燃冰"

一、1. D   2. B   3. C   4. A   5. B   6. D

二、1. B   2. C   3. D   4. B

三、1. ×   2. ×   3. ×   4. ✓

第二课 情感计算

一、1. A   2. A   3. D   4. B   5. C   6. B

二、1. B   2. C   3. C   4. A

三、1. ×   2. ✓   3. ✓   4. ×

第三课　太空烹调术

一、1. B　　2. A　　3. B　　4. D　　5. D　　6. C

二、1. D　　2. B　　3. B　　4. C

三、1. √　　2. ×　　3. √　　4. ×

第四课　海底核电厂

一、1. B　　2. D　　3. A　　4. A　　5. A　　6. C

二、1. B　　2. D　　3. A　　4. D

三、1. ×　　2. ×　　3. ×　　4. ×

第十二单元　环　保

第一课　芳香的污染

一、1. B　　2. D　　3. B　　4. A　　5. B　　6. B

二、1. B　　2. D　　3. D　　4. A

三、1. ×　　2. √　　3. ×　　4. ×

第二课　灰霾：日益加剧的城市公害

一、1. B　　2. C　　3. D　　4. C　　5. B　　6. A

二、1. D　　2. C　　3. B　　4. B

三、1. ×　　2. ×　　3. √　　4. √

第三课　谁来清扫太空垃圾？

一、1. D　　2. B　　3. C　　4. C　　5. B

二、1. D　　2. D　　3. B　　4. D

三、1. ×　　2. ×　　3. √　　4. ×

第四课　现代人正进入"第三污染时期"

一、1. B　　2. C　　3. C　　4. C　　5. A　　6. D

二、1. D　　2. B　　3. D　　4. A

三、1. ×　　2. ×　　3. ×　　4. √

第十三单元　生　活

第一课　人为什么会说口头禅

一、1. B　　2. C　　3. A　　4. A　　5. D　　6. D

二、1. D　　2. D　　3. C　　4. B

三、1. ✓　　2. ✓　　3. ×　　4. ×

第二课　"打哈欠"会传染

一、1. C　　2. A　　3. D　　4. B　　5. D　　6. B

二、1. D　　2. B　　3. B　　4. C

三、1. ✓　　2. ×　　3. ×　　4. ×

第三课　舞蹈天赋与社交有关

一、1. C　　2. D　　3. B　　4. B　　5. A　　6. C

二、1. D　　2. C　　3. B　　4. D

三、1. ×　　2. ✓　　3. ✓　　4. ✓

第四课　人生第一个味道会给你长久的印象

一、1. B　　2. D　　3. B　　4. A　　5. C　　6. A

二、1. B　　2. D　　3. B　　4. C

三、1. ✓　　2. ×　　3. ×　　4. ✓

第十四单元　神　秘

第一课　星座与迷信

一、1. C　　2. B　　3. C　　4. A　　5. B　　6. A

二、1. D　　2. B　　3. C　　4. A

三、1. ✓　　2. ×　　3. ×　　4. ×

第二课　血型的科学与迷信

一、1. B　　2. B　　3. A　　4. C　　5. A　　6. D

二、1. D　　2. C　　3. A　　4. B

三、1. ✓　　2. ×　　3. ×　　4. ×

第三课　揭开巫术的神秘面纱

　　一、1. C　　2. B　　3. B　　4. D　　5. A　　6. D
　　二、1. C　　2. D　　3. B　　4. C
　　三、1. ×　　2. √　　3. √　　4. √

第四课　面相、手相、体相的科学

　　一、1. B　　2. A　　3. D　　4. A　　5. C　　6. C
　　二、1. D　　2. D　　3. B　　4. B
　　三、1. ×　　2. √　　3. ×　　4. √

第十五单元　感　知

第一课　面孔背后的面孔

　　一、1. A　　2. C　　3. C　　4. B　　5. D　　6. A
　　二、1. C　　2. A　　3. C　　4. B
　　三、1. √　　2. √　　3. ×　　4. √

第二课　我们能控制梦境吗？

　　一、1. A　　2. D　　3. B　　4. C　　5. A　　6. B
　　二、1. B　　2. A　　3. D　　4. C
　　三、1. ×　　2. ×　　3. √　　4. ×

第三课　灵感源于积累

　　一、1. A　　2. D　　3. B　　4. C　　5. A　　6. C
　　二、1. A　　2. C　　3. D　　4. D
　　三、1. ×　　2. √　　3. ×　　4. ×

第四课　话说"第六感"

　　一、1. C　　2. D　　3. C　　4. B　　5. B　　6. A
　　二、1. D　　2. C　　3. A　　4. B
　　三、1. √　　2. ×　　3. √　　4. √